JOAN HILL

MEHR HEISSE GUTE-NACHT-GESCHICHTEN

EROTISCHE GESCHICHTEN

BLUE PANTHER BOOKS

BLUE PANTHER BOOKS TASCHENBUCH
BAND 2353
1. AUFLAGE: FEBRUAR 2020

VOLLSTÄNDIGE TASCHENBUCHAUSGABE
ORIGINALAUSGABE

LEKTORAT: JASMIN FERBER

COVER: © IRINANEVA @ SHUTTERSTOCK.COM
UMSCHLAGGESTALTUNG: MT DESIGN
GESETZT IN DER TRAJAN PRO UND ADOBE GARAMOND PRO

PRINTED IN GERMANY
ISBN 978-3-96477-018-9
WWW.BLUE-PANTHER-BOOKS.DE

INHALT

Mit dem Gutschein-Code

JO4TBTWPF

erhalten Sie auf **www.blue-panther-books.de** diese exklusive Zusatzgeschichte als E-Book in den Formaten PDF, E-PUB und Kindle. Registrieren Sie sich einfach online oder schicken Sie uns die beiliegende Postkarte ausgefüllt zurück!

Der heisse Mechaniker

Wütend trat ich gegen den platten Reifen meines Autos, das ich gestern Abend am Straßenrand geparkt hatte. Ich war mir ganz sicher, dass da noch alles in Ordnung gewesen war. Und nun, da ich dringend zur Arbeit musste, hatte ich den Salat: einen Platten! Ich zog mein Handy aus der Jackentasche und rief die Nummer meines Toyota-Händlers an, der Gott sei Dank bei mir im Ort ansässig war.

»Wir schicken einen Mitarbeiter vorbei, Ihre Adresse haben wir ja«, sagte die freundliche Dame am Telefon, als ich mein Problem geschildert hatte. Ich bibberte in der Kälte und vergrub meine eiskalten Hände in der Jackentasche. Bitte komm schnell, betete ich zähneklappernd und verfluchte mich selbst, weil ich mich an diesem Morgen für einen kurzen Rock und einen leichten Pullover fürs Büro entschieden hatte. Die Stiefel stellten sich auch als eher semiprofessionell heraus, da sie null warm waren! Hauptsache gut aussehen … das hatte ich nun davon. Aber die Alternative würde bedeuten: zurück zum Haus, warme Klamotten anziehen, auf die Gefahr hin, den Monteur zu verpassen. Nee, lieber holte ich mir hier Frostbeulen.

Doch das Glück hatte mich nicht ganz verlassen, denn schon nach knapp zehn Minuten bog das Firmenauto der Werkstatt um die Ecke. Es stieg ein gut aussehender Kerl aus, den ich noch nie gesehen hatte, obwohl ich schon seit über acht Jahren Kundin dort war. Der war echt was zum Hingucken, Donnerwetter! Lockige, schwarze Haare, ein männliches Gesicht mit einem markanten Kinn und dunklen, glutvollen Augen.

»Hi! Hab gehört, du hast einen Platten ...«, sagte er und duzte mich frech. Er streckte mir die rechte, mit Öl verschmierte, Hand hin. »Ich bin übrigens Valentin ...« Er sah meinen Blick auf seine Hand, zog sie zurück und wischte sie grinsend an seiner Hose ab. »Sorry ...«

Er hatte ein unwiderstehliches Lächeln und so konnte ich ihm überhaupt nicht über seine flapsige Art böse sein. Ich musste lächeln. »Hi, ich bin Valerie. Unsere Namen passen ja schon mal ... Du musst neu in der Werkstatt sein, sonst hätte ich dich schon gesehen.«

Er grinste wiederum und ein entzückendes Grübchen zeichnete sich auf seiner linken Wange ab. »Bin erst seit drei Monaten dort. Sag also bloß nichts Schlechtes über mich, sonst überstehe ich die Probezeit nicht.«

»Keine Sorge ... wenn du meinen Reifen flott kriegst, werde ich dich nur lobend erwähnen.«

Valentin machte sich daran, meinen platten Reifen zu untersuchen. »Oje, da haben wir den Salat. Du hast dir einen Nagel reingefahren. Keine Sorge ...«, sagte er, als er mein verzweifeltes Gesicht sah. »Ich hab einen Ersatzreifen dabei. Wir haben ja deine Fahrzeugdaten, daher habe ich einen Reifen ausgesucht, der zumindest vorübergehend genügen sollte, bis wir deinen repariert oder einen neuen bestellt haben.«

»Besser, ihr bestellt gleich zwei neue Reifen, die vorderen hätte ich eh demnächst austauschen müssen.«

»Hm ... das ist eine gute Einschätzung für ne Frau. Die Profiltiefe ist tatsächlich an der Grenze.«

»Du bist ganz schön frech dafür, dass du noch in der Probezeit bist«, merkte ich an, grinste aber dabei. Valentin war so herrlich direkt und erfrischend.

In fünf Minuten war alles vorbei und ich kam mit nur einer halben Stunde Verspätung im Büro an.

Zwei Tage später, während denen mir Valentins spitzbübisches Grinsen immer wieder im Kopf herumgeisterte, erhielt ich einen Anruf der Werkstattleitung. Meine bestellten Reifen seien da und wenn ich wollte, könnte ich am selben Abend noch vorbeikommen und man würde mir die Reifen gleich montieren.

Es war kurz vor neunzehn Uhr, als ich bei der Werkstatt ankam. Offiziell hatte diese nur bis achtzehn Uhr geöffnet und ich war mir sicher, vor verschlossenen Türen zu stehen, und genau so war es dann auch. Mist! Aber früher hatte ich es einfach nicht geschafft. Ich ging um das rechteckige Gebäude herum und fand den Hintereingang. Die Stahltür war zu. Ich klopfte an, aber nichts rührte sich. Ich war mir allerdings ziemlich sicher, eben ein Geräusch gehört zu haben. Als sich auf mein zweites Klopfen auch nichts tat, drückte ich die Klinke und die Tür schwang laut quietschend auf. Prompt schlug mir eine Hitze entgegen, die mir augenblicklich den Schweiß auf die Stirn trieb. Durch die Kälte, die draußen herrschte, entstand Dampf und im ersten Moment sah ich gar nichts. Als ich ein paar Schritte in die Halle gegangen war, lichtete sich der Dampf und ich sah ein Auto aufgebockt auf der Hebebühne, darunter schauten zwei muskulöse Beine, die in einer ölverschmierten Jeans steckten, hervor. An der Stelle, an der der Bund der Jeans endete, kräuselten sich dunkle Härchen hoch bis zum Bauchnabel. Die Bauchmuskulatur, von der Leistengegend ausgehend, war beeindruckend und von einem dünnen Schweißfilm überzogen. Dieser heiße Körper musste zu Valentin gehören!

Ich konnte mir ein Grinsen nicht verkneifen, als ich mich breitbeinig über ihn stellte. Ich trug einen schwarzen, weitschwingenden Rock, der oberhalb der Knie endete. Darunter trug ich hautfarbene Strümpfe. Ich hatte ja nicht ahnen können, dass sich mir heute noch so eine heiße Situation bieten würde, sonst hätte ich meine halterlosen Strümpfe angezogen. Aber ich hoffte, dass man durch die Strümpfe mein knappes, schwarzes Seidenhöschen gut sehen konnte.

Valentin war so sehr in das Schweißen vertieft, dass er überhaupt nicht wahrgenommen hatte, dass jemand die Halle betreten hatte. So wie es aussah, war er mutterseelenalleine in der Halle, denn die Büroräume lagen im Dunkeln.

Ich stieß Valentin an der Hüfte leicht mit der Spitze meines High Heels an und sah, wie er zusammenzuckte. Er stieß sich am Unterboden des Autos ab und rollte mit dem Rollbrett, auf dem er lag, nach vorne. Das Brett rollte langsam aus und er blieb mit dem Gesicht genau zwischen meinen Beinen liegen.

Valentins Gesichtsausdruck war einfach nur köstlich! Am liebsten hätte ich ihn für die Ewigkeit konserviert …

»Was … zur Hölle …«, stammelte er und schob sich die Schweißmaske auf die Stirn.

»Überraschung!«, rief ich fröhlich, machte einen Schritt zur Seite, und reichte ihm die Hand, um ihm beim Aufstehen zu helfen.

Als er vor mir stand, klebte sein Blick förmlich auf den zwei festen Hügeln in meinem Ausschnitt. »Gefällt dir, was du siehst?«, sagte ich und hob meine Brüste provokativ mit den Händen an.

»Du bist ja ganz schön irre«, meinte er perplex. »Aber ja, wenn du schon so fragst … nette Aussicht. Beides meine ich, das eben und das jetzt«, fügte er hinzu.

Ich fuhr ihm mit dem Zeigefinger über das verschwitzte Gesicht und hinterließ einen hellen Streifen auf seinem von Ruß verschmierten Gesicht. Mein Fingernagel kratzte ein bisschen über seinen Dreitagebart. »Ich hätte nicht gedacht, dass ein verschwitzter Mann so sexy sein kann«, sagte ich rau und ließ meinen Zeigefinger tiefer gleiten. Über seinen Hals, das Schlüsselbein entlang, bis hinunter über seine glatte Brust. Als ich die Brustwarze umkreiste, wurde sie augenblicklich hart und Valentin sog scharf den Atem ein.

»Was gibt das hier?«, flüsterte er. »Wenn das ein Spiel sein soll und du mich verarschst, so kann ich dir sagen, würde dir das jemand ganz schön übel nehmen. Und derjenige bin nicht ich, sondern mein Großer da unten …«

Ich grinste und fuhr mit der Hand den Bund seiner Jeans entlang, tastete mich zu der beachtlichen Beule, die sich fordernd gegen den groben Stoff der Hose drückte.

»Ein Spiel, ja …«, sagte ich heiser. »Aber keins, bei dem dein Großer nicht zum Zug kommen wird …« Ich warf einen Blick über meine Schulter. »Sind wir alleine? Oder musst du befürchten, dass uns jemand überraschen wird?«

»Die sind alle weg, wir sind also völlig ungestört.« Mit einem tiefen Knurren griff Valentin meinen Nacken und zog mich grob an sich. Er presste seine Lippen auf meine und ohne Vorwarnung stieß seine Zunge gegen meine. Er küsste mich wild und rau, umfasste mit der rechten Hand meine Brust, drückte und massierte sie, strich mit den Fingerkuppen über meine harten Nippel, die durch meine dünne Bluse sichtbar waren. Seine Hände hinterließen bestimmt dunkle Schlieren auf dem weißen Stoff, doch das war mir egal. Ich war so scharf auf diesen Kerl, wollte wissen, was er mir noch zu bieten hatte.

Ungeduldig zerrte er meine Bluse aus dem Rockbund, beim Aufknöpfen sprang ein Knopf ab und kullerte unter die Hebebühne. Valentin nahm sich nicht die Zeit, meinen BH aufzuhaken, er schob die Körbchen nach unten und suchte mit seiner Zunge meine Nippel. Als er sie nacheinander in den Mund sog und an ihnen knabberte, wölbte ich mich ihm aufseufzend entgegen, während die Karosserie des Autos gegen meinen Rücken drückte.

Valentins Hände wanderten nach unten, strichen über meine Hüften, über meine Oberschenkel, schoben ungeduldig meinen Rock nach oben. Ich keuchte auf, als er mit seinen Fingern zwischen meinen Beinen über meine Lustperle entlangstrich. Das feine Nylon und der dünne Stoff meines Slips verstärkten das Kribbeln.

»Komm, zieh die Strumpfhose runter«, forderte Valentin. Er nestelte bereits am Reißverschluss seiner Jeans.

Ich schlüpfte schnell aus meinen Schuhen, rollte die Strumpfhose samt Höschen nach unten und befreite mich von den störenden Kleidungsstücken.

Valentin hob mich hoch, als würde ich nichts wiegen und setzte mich auf den Kotflügel des Autos. Das Metall fühlte sich trotz der Hitze im Raum ein bisschen kühl an meinem Hintern an. Ich raffte meinen Rock, während Valentin seine Hose herunterzog. Sein gewaltiger Schwengel schnellte mir entgegen. Wow! Er stand wie eine Eins, die blauen Äderchen traten hervor und auf der Eichel glänzten bereits Lusttropfen. Ich nahm den Steifen in die Hand, fuhr an der dünnen, weichen Haut auf und ab, kraulte seine Hoden. Doch Valentin schob meine Hände zur Seite, nahm seinen Schwanz und fuhr mit der Eichel durch meine feuchte Spalte.

»Stopp!«, sagte ich und schob ihn von mir weg. »Hast du ein Kondom? Ich will dich unbedingt, aber ohne Kondom …« Ich beendete meinen Satz nicht, war aber sehr erleichtert, als er grinsend eines aus seiner Hosentasche zog. »Hätte ich beinahe vergessen vor lauter Geilheit.«

Er spreizte mit den Fingern meine Schamlippen und setzte seinen Schwanz an meinem Eingang an. Ganz leicht stieß er zu, stimulierte währenddessen meinen Kitzler mit den Fingern und unter sanftem Druck glitt sein großer Schwanz langsam in mich hinein. Ich lehnte mich zurück, stützte mich mit den Händen auf dem Kotflügel ab und genoss das Gefühl, wie der große Schwanz mich langsam ganz und gar ausfüllte. Als er in seiner vollen Größe in mir war, zog Valentin ihn wieder zurück, bis nur noch die Eichel in mir steckte. Dann stieß er ihn plötzlich ohne Vorwarnung bis zum Anschlag in mich hinein.

Ich schrie auf. »Ja! Gib ihn mir! Fick mich!« Und Valentin stieß zu. Wieder und wieder. Hart und unerbittlich. Mein Innerstes zog sich zusammen, mein Kitzler kribbelte und ein Sog fegte über mich hinweg, als seine Hoden im schnellen Rhythmus gegen meinen Po klatschten. Mein Orgasmus kam so plötzlich und heftig, dass ich meine Lust laut hinausschrie.

Valentin, der seinen Kopf in den Nacken geworfen hatte und konzentriert und mit geschlossenen Augen in mich hineinstieß, stieß plötzlich ein Knurren aus. Er umklammerte meine Hüften, verharrte still und ich spürte, wie sein Schwengel seine Ladung in mich hineinpumpte.

Er stieß seinen angehaltenen Atem aus. »Großer Gott!«

»O ja!«, sagte ich noch außer Atem und grinste schief. »Das war nicht schlecht, hm?« Ich überlegte kurz und schlug mir dann mit der Hand gegen die Stirn. »Ich Idiot …«

»Was ist?«, fragte er.

»Wir haben das Kondom vergessen!«

»Oh Shit … aber ich hätte auch gar keins hier gehabt«, meinte er stirnrunzelnd. »Du verhütest doch, oder?«

»Na klar … aber die andere Sache … na ja, so geil wie wir waren, da setzt halt die Vernunft manchmal aus.«

Er gab mir noch einen raschen Kuss, bevor er sein Prachtstück wieder in seine Hose verbannte. Ich rutschte von dem

Auto herunter, sammelte meine Strümpfe und meinen Slip zusammen, erstere stopfte ich in meine Handtasche und letzteren zog ich schnell an.

»Ähm … wegen was ich eigentlich gekommen bin …«, sagte ich.

»Deine Reifen!«, lachte Valentin. »Warte, das ist gleich passiert.«

Zehn Minuten später saß ich in meinem Wagen, hatte zwei neue Reifen drauf und meine Muschi war noch nass von Valentins Saft. Also den Service dieser Werkstatt konnte ich nur weiterempfehlen!

Heisse Traumfrau – Weibliche Lust

Meine Hände zitterten ein bisschen vor Aufregung, als ich den Brief zwischen all den Werbeprospekten fand. Da ich im Internetzeitalter selten Post von Bekannten oder Freunden bekam, musste er etwas ganz Besonderes sein. An der geschwungenen Handschrift sah ich sofort, dass er von einer Frau geschrieben worden war, und als ich einen Blick auf den Absender warf, stockte mein Herz für eine Sekunde, bevor es wie wild loshämmerte …

Sie hatte mir geschrieben! Ein warmes Gefühl durchflutete meinen ganzen Körper. Damit hätte ich niemals gerechnet, nachdem wir uns mit einem kleinen, harmlosen Wangenküsschen verabschiedet hatten. Doch als unsere Hände sich ein letztes Mal berührt hatten, spürte ich einen Stromstoß, der von meiner Wirbelsäule abwärts direkt in meinen Schoß gefahren war. Es war einfach unglaublich, was Jessy für eine Ausstrahlung auf mich hatte!

Ich war auf einer Messe gewesen, hatte mich am Mittwochmorgen von meinem Mann verabschiedet, und er hatte mir zum Abschied ins Ohr geflüstert: »Sei schön brav, verstehst du?« Dabei streichelte er meinen Po und mein Körper reagierte wie üblich prompt auf seine Liebkosung. Ich drängte mich an ihn, spürte durch den dünnen Stoff seiner Hose, wie sein Schwanz anschwoll.

»Mann, was würde ich darum geben, wenn du mich direkt hier und jetzt sofort auf dem Küchentisch ficken könntest«, raunte ich in sein Ohr und leckte daran.

Seine Hand hatte ihren Weg unter meinen engen Rock gefunden und streichelte durch das seidige Höschen meinen Kitzler. Ich unterdrückte ein Stöhnen. »Rick, hör auf, ich muss los, sonst verpasse ich meinen Zug!« Mit Bedauern schob ich meinen Mann von mir und gab ihm einen Abschiedskuss. »Bis Samstag dann«, sagte ich, winkte und warf ihm eine Kusshand zu.

Auf der Messe lernte ich dann Jessy kennen. Sie fiel mir gleich ins Auge, weil sie auf eine ganz bestimmte Art Erotik pur ausstrahlte. Ich beobachtete sie, wie sie am benachbarten Stand lächelnd auf Kunden zuging, diese an einen Tisch führte und charmant die Zeit überbrückte, bis einer der Mitarbeiter Zeit für den Kunden hatte. Wenn sie sich nach vorn lehnte, zeichneten sich ihre kleinen, festen Brüste unter der weißen Seidenbluse ab; das war nicht nur mir aufgefallen, den Blicken der Männer nach zu urteilen. Der geschlitzte Rock verbarg ihre langen, schlanken Beine nur unzureichend und die High Heels, die sie trug, rundeten das Bild ab. Die langen, dunkelbraunen Haare hatte Jessy locker aufgesteckt, und ich stellte mir vor, wie diese Flut an Haaren lose ihren Rücken hinunterfloss. Ja, ich bin verheiratet, war aber Frauen gegenüber noch nie abgeneigt. Rick weiß das und er weiß damit umzugehen, denn ich hatte nie ein Geheimnis daraus gemacht.

Irgendwann kam ich mit Jessy ins Gespräch und wir waren uns sofort sympathisch. Dass daraus mehr werden würde, ahnte ich zu dem Zeitpunkt noch nicht. Wir stellten fest, dass wir im gleichen Hotel untergebracht waren, und verabredeten uns für den Abend auf einen Drink in der Lobby.

Der Tag verlangte mir alles ab. Meine Füße schmerzten so sehr, dass ich im Hotel erst einmal meine hochhackigen Pumps gegen bequeme Ballerinas tauschte. Als ich in die Lobby hinunterkam, entdeckte ich Jessy, die bereits Prosecco für uns bestellt hatte. Ich kann mich noch ganz genau daran erinnern, was passiert war, als sich unsere Hände beim Anstoßen berührt hatten. An Jessys Gesichtsausdruck konnte ich sehen, dass auch sie es gespürt hatte: Ein Stromstoß fuhr durch unseren Körper. Jessy reagierte mit Verlegenheit auf die Berührung, ich jedoch wusste in diesem Augenblick, dass ich diese Frau haben wollte. Ich roch ihr schweres Parfüm, sah ihre Beine, die sich unter dem Rock abzeichneten. Ihr schmales Gesicht mit den geschwungenen Lippen, den grünen Augen und den dichten, langen Wimpern wurde eingerahmt von den dunkelbraunen Locken, die ihr nun weit bis über den Rücken fielen. Kurz: Jessy war eine Traumfrau!

Irgendwann sahen wir uns in die Augen, und ich fragte sie einfach: »Hast du Lust, noch ein bisschen mit auf mein Zimmer zu kommen? Dort könnten wir ungestört miteinander reden, ohne dass dich ständig einer der hier anwesenden Herren mit den Blicken auszieht.«

Jessy nickte lächelnd, trank ihr Glas leer, und wir gingen in Richtung der Aufzüge.

In meinem Zimmer angekommen, stand Jessy unschlüssig und ein bisschen gehemmt vor dem Bett. Ich setzte mich und klopfte auf die Stelle neben mir. »Komm, setz dich ruhig zu mir …«

»Weißt du eigentlich, dass du wunderschön bist?«, fragte ich und strich eine Locke, die sich in ihr Gesicht verirrt hatte, hinter ihr Ohr.

»Solche Komplimente habe ich noch nie von einer Frau bekommen!«, sagte sie ein wenig verwundert.

»Ist dir das unangenehm?«

»Nein, überhaupt nicht! Es ist nur … es ist einfach ungewohnt«, sagte sie.

»Hattest du schon mal etwas mit einer Frau?« Nun war ich richtig neugierig, wie sie darauf reagieren würde.

»Nein, noch nie!« Jessys Wangen färbten sich rot. »Und du?«

»Ja, hin und wieder. Ich mochte schon immer beides. Männer und Frauen.«

»Und was sagt dein Mann dazu?«

»Der weiß Bescheid. Wir hatten sogar schon mal Sex zu dritt. Mein Mann, eine Fremde, die wir in einer Bar kennengelernt hatten, und ich. Das war ziemlich heiß!«

»Wow!«

»Bist du neugierig? Ich finde es toll, mit einer Frau Zärtlichkeiten auszutauschen. Frauen küssen anders als Männer und nicht nur das Küssen ist faszinierend …« Ich zeichnete mit dem Finger sanft ihre Wangenknochen nach, verharrte kurz an ihren Lippen und fuhr dann über den schmalen Hals bis zum Schlüsselbein. Als ich sie sanft auf den Mund küsste, öffnete sie bereitwillig ihre Lippen.

In dieser Nacht war Jessica bei mir geblieben und am nächsten Morgen waren wir beide traurig gewesen, dass wir uns trennen mussten. Sie war wieder zurück nach Hamburg gefahren und ich nach Mannheim. Doch wir waren nicht auseinandergegangen, ohne unsere Adressen auszutauschen.

Und nun hielt ich einen Brief von ihr in den Händen. Ich schnupperte an dem Papier, bildete mir ein, ihr Parfüm riechen zu können. Ich stellte mir vor, wie ihre schmale Hand die schwungvollen Buchstaben zu Papier gebracht hatte und begann zu lesen …

***

Liebste Rebecca! Ich habe mir lange überlegt, ob ich dir diesen Brief schreiben soll oder nicht. Ob ich unsere gemeinsame Nacht als wunderschöne Erinnerung in mein Herz schließen soll oder ob ich uns beiden die Möglichkeit gebe, Kontakt zu halten und eventuell eine Fortsetzung unserer Freundschaft in Betracht zu ziehen. Nach langem Überlegen habe ich mich für Letzteres entschieden …

Ich musste immer und immer wieder an unsere gemeinsame Nacht denken. Daran, wie du mich zum ersten Mal so zärtlich und einfühlsam geküsst hast. Du hattest recht: Kein Mann hat mich je so fasziniert wie du mich. Deine Zunge, die sanft gegen meine Zähne stieß und die meine umspielte, ließ mir Schauer den Rücken hinunterrieseln. Schon bei diesem ersten Kuss spürte ich, wie es zwischen meinen Beinen prickelte. Es war einfach unglaublich, was für ein Feuer dieser Kuss in mir entfacht hat! Deine Hand, die sacht an meinem Schlüsselbein bis zu meinen Brüsten hinuntergewandert war, die sich in meine Bluse schob und den BH zur Seite rückte, sodass sie meine harten Knospen berühren konnte. Ich erinnere mich an jedes einzelne Detail, als sei es erst gestern gewesen. Als unser Atem schneller ging und ich mich dir entgegenwölbte, hast du sofort verstanden, dass ich mehr wollte. Ich wollte dich ganz und gar! Meine Finger wühlten durch deine Haare, als du dich nach vorn gebeugt hattest, um meine steifen Nippel in den Mund zu nehmen und mit der Zunge darüberzulecken. Ich riss vor Verlangen fast die Knöpfe von deiner Bluse, so sehr wollte ich deine Brüste fühlen und spüren. Doch du schobst mich sanft von dir und hauchtest: »Lass mich dich verwöhnen … genieße einfach das Gefühl, dich mir hinzugeben« und das habe ich dann auch getan.

Ich ließ mich aufs Bett sinken, fast willenlos ließ ich mir die Bluse und den Rock abstreifen und lag nun nur noch in Unterwäsche vor dir. Wie du mich betrachtet hast, all die Zärtlichkeit in deinem Blick … ließ mich dahinschmelzen.

Dann folgten deine Küsse, die meinen ganzen Körper bedeckten, dein warmer Atem strich über das seidige Dreieck meines Slips und darunter pochte meine Liebesperle. Sie war geschwollen und bereit. Noch bevor deine Finger meine Schamlippen spreizten, spürte ich, dass ich bereits feucht genug war, um deinen Finger zu empfangen. Er drang ganz leicht in mich ein und mein lautes Stöhnen zeigte dir, dass ich mehr wollte …

Worte waren überflüssig. Nachdem du mir mein Höschen abgestreift hattest, hast du einen zweiten Finger in mich eingeführt, während deine Zunge meine Spalte erforschte und meinen Kitzler verwöhnte. Mal saugtest du daran, mal glitt deine Zunge blitzschnell über meine Perle, es war der pure Wahnsinn!

Meine Hände krallten sich in dem Laken fest, ich schob dir mein Becken entgegen, während ich spürte, dass sich das Kribbeln von meinem Kitzler in meinem ganzen Unterleib ausgebreitet hatte. Ich warf den Kopf hin und her und flüsterte deinen Namen und als es mir kam, schrie ich meine Lust heraus. Du machtest weiter und weiter… bis auch die letzten Zuckungen meines Körpers aufhörten. Du warst so unglaublich, liebe Rebecca! So etwas habe ich noch nie erlebt.

Ich wünschte, ich könnte dich wiedersehen. Auch wenn wir die ganze Nacht miteinander genießen durften, so fehlen mir nun deine Zärtlichkeit und deine Umarmung.

Wenn du genauso empfindest, würde ich mich sehr freuen, von dir zu hören!

Kuss Jessy

***

Als die Wellen meines Orgasmus verebbten, nahm ich meine Hand aus meinem Höschen. Mein Kitzler pochte noch immer. Es war unglaublich, welch Empfindungen Jessys Brief in mir ausgelöst hatten. Alles, jede Einzelheit dieser Nacht hatte ich durch diese Zeilen noch einmal durchlebt.

Mir war klar, dass auch ich Jessy wiedersehen wollte. Die ganze Zeit hatte ich immer wieder an unsere gemeinsame Nacht gedacht und überlegt, ob es ihr wohl genauso erging. Nun wusste ich es. Mit einem Lächeln nahm ich mein Handy und tippte ihre Telefonnummer ein …

Beim Joggen verführt - Heisse Körper

Wie jeden Freitag nach Büroschluss hängte ich sorgfältig mein Kostüm und meine Bluse über einen Kleiderbügel und zog meine Sportklamotten, eine Trainingshose und ein hautenges, atmungsaktives Top an. Nachdem ich meine Laufschuhe zugeschnürt hatte, machte ich mich auf den Weg, um zu joggen. Das Wetter war sommerlich warm, obwohl der Herbst die Blätter der Bäume bereits bunt gefärbt hatte. Ich hatte noch eine Stunde, bevor es langsam dunkel wurde, diese wollte ich nutzen, um in dem nahe gelegenen Wald meine Sporteinheit zu absolvieren. Allerdings war da noch ein anderer Grund, warum ich keinen Freitag versäumen wollte. Da war dieser verdammt heiße Typ, der ebenfalls immer um dieselbe Uhrzeit Laufen ging. Jeden Freitag, wenn sich unsere Wege kreuzten, nickte er mir kurz zu und lief in einem atemberaubenden Tempo an mir vorbei. Doch diesen Freitag hatte ich mir geschworen, dass er mir nicht so einfach davonkommen würde. Ich musste ihn einfach kennenlernen! Egal wie – dafür war mir jedes Mittel recht …

Als ich die Weinberge erreichte, an die der Wald grenzte, fiel ich in einen lockeren Trab. Ich behielt das Tempo bei, gab nicht zu viel Gas, damit ich nicht total verschwitzt war und einen hochroten Kopf bekam, wenn *er* mir über den Weg lief.

Im Wald dämmerte es bereits, es ging ein leichter Wind. Die Kühle auf meiner Haut war angenehm. Ich trat auf der Stelle, hoffte, dass ich ihn nicht verpasst hatte. Da vorn gabelte sich der Weg. Dort traf ich meistens auf ihn, so auch heute. Als ich seine Silhouette sah, die immer näher kam, klopfte mein Herz wie verrückt. Was hatte ich mir da nur vorgenommen! Womöglich war er verheiratet oder schwul? Egal … ich musste es einfach herausfinden und das würde nicht funktionieren, wenn ich nicht endlich die Initiative übernahm. Ich nahm all meinen Mut zusammen und joggte ihm entgegen. Die Umrisse seines muskulösen Körpers wurden größer und deutlicher und schon bald konnte ich seinen Atem hören, den er regelmäßig, seinem Tempo angepasst ausstieß. Die dunklen Haare, die er zu einem kleinen Pferdeschwanz zusammengebunden hatte, wippten bei jedem Schritt. Seine Augen, von denen ich immer noch nicht wusste, welche Farbe sie hatten, nahmen mich kurz wahr, doch dann sah er an mir vorbei auf einen imaginären Punkt irgendwo hinter mir.

»Hey!«, rief ich und stoppte, doch dieser Kerl war schon weg. Kurz hatte ich gesehen, dass er einen Knopf im Ohr trug. Auch das noch! Ich drehte um, versuchte Tempo aufzunehmen, und hechelte ihm hinterher.

»Hey!«, rief ich lauter und dieses Mal hatte ich mehr Glück, denn er verlangsamte sein Tempo. Er sah sich um und schien mich erst jetzt bewusst wahrzunehmen, denn er nahm seinen Knopf aus dem Ohr, trabte aber nach wie vor auf der Stelle.

»Sorry, aber die Bässe von Metallica übertönen einfach jedes Geräusch.« Er grinste spitzbübisch, was ihm ausgezeichnet stand. So aus der Nähe betrachtet, gefiel er mir sogar noch viel besser. Dieser Dreitagebart verlieh ihm ein verwegenes Aussehen, eine Narbe zog sich von seinem rechten Mundwinkel bis fast zur Wange, doch seine halblangen dunkelbraunen Haare milderten die Härte seines Gesichts. Nun, da er endlich vor mir stand, sah ich, dass er wunderschöne braune Augen hatte. Und erst der Schweiß, der seine Haut bedeckte und in Tröpfchen an ihm herunterlief … seine Muskeln traten dadurch optisch noch mehr hervor, am liebsten hätte ich ihm den Schweiß Zentimeter für Zentimeter vom gesamten Körper geleckt. Wow!

»Darf ich fragen, warum du mich so anstarrst?«, wollte er wissen und zog amüsiert eine Augenbraue nach oben.

Ach, du liebe Güte! Mir war gar nicht bewusst gewesen, dass ich bis jetzt noch gar nichts gesagt hatte. »Ich … ich …«, stotterte ich los und bekam nun doch einen hochroten Kopf. Dann schoss es einfach aus mir heraus: »Ich find dich einfach nur superinteressant, und da du jeden Freitag an mir vorbeirennst, dachte ich, ich spreche dich heute einfach mal an.« Gleich darauf wäre ich am liebsten im Erdboden versunken. Was sollte der Typ nur von mir denken? Doch er blieb gelassen. »Ach? Das ist mir ja gar nicht aufgefallen! Du joggst hier jeden Freitag? Warum nur bist *du* mir nie aufgefallen?«

Wenigstens hatte er damit aufgehört, auf der Stelle zu traben. Stattdessen lehnte er sich lässig gegen eine alte Eiche. Enttäuschung machte sich in mir breit. Nicht mal bemerkt hatte er mich!

Doch sein Grinsen vertiefte sich, und da erst begriff ich, dass er mich gehörig auf den Arm nahm.

»Natürlich bist du mir aufgefallen«, sagte er dann auch. »Es wäre ja ein Frevel, eine so hübsche junge Frau wie dich zu übersehen. Nur leider bin ich ziemlich schüchtern und brauche manchmal einen kleinen Tritt in den Allerwertesten.«

»Du und schüchtern«, prustete ich. »Wers glaubt …« Meine Güte, wie konnte ich es nur anstellen? Ich wollte diesen Mann haben. Jetzt und sofort! Kennenlernen ging dann immer noch. Ich trat ein wenig näher und fuhr mit meinem Zeigefinger seinen Hals bis zu seinem muskulösen Oberarm entlang. »Du bist ganz schön verschwitzt«, sagte ich und leckte provozierend über meine Fingerkuppe, die von seinem Schweiß glänzte. Ein Schaudern lief durch seinen Körper.

»Ich … sollte vielleicht duschen«, stotterte er unsicher.

Ich lachte. »Also doch schüchtern! Nee, lass mal … ich finde dich so, wie du bist, total sexy.«

Er ließ es zu, dass ich die Konturen seines Schlüsselbeins bis zum Ausschnitt seines Sportshirts nachzeichnete. Unter dem engen Shirt konnte ich sehen, wie seine Brustwarzen hart wurden. Wer weiß, dachte ich, was da noch so alles hart wird?

»Wie heißt du eigentlich?«, hauchte ich, bevor ich mutiger wurde und mich ein wenig vorbeugte, um mit meiner Zunge seine heiße Haut zu erkunden.

Er sog die Luft ein, als ich mit dem Mund an seiner Halsbeuge saugte. »Benjamin. Aber meine Freunde sagen Ben zu mir«, sagte er überflüssigerweise.

»Also Ben … hättest du etwas dagegen, wenn wir es gleich hier tun würden?«

Ben zuckte zusammen, als ich mit den Fingerkuppen über seine Brustwarzen strich. »Vielleicht könntest du endlich dieses Shirt ausziehen?«

»Nicht hier, wo jederzeit jemand vorbeikommen könnte«, sagte er rau. »Lass uns ein bisschen weiter ins Unterholz gehen, dann sind wir nicht so auf dem Präsentierteller. O Gott … du bist ja echt verrückt«, stöhnte er, als ich mit meiner Hand blitzschnell an seine Hose fasste und seinen Ständer in der Hand hielt. Ich drückte ein wenig fester, streichelte sanft über die ausgebeulte Hose, wo seine Hoden waren.

Ich ließ los. »Okay … Dort drüben, sieh mal, dieser Baumstamm scheint mir ideal«, sagte ich und marschierte einfach drauflos. Entweder nahm Ben jetzt Reißaus oder – was ich eher hoffte – er war inzwischen so geil geworden, dass er mir folgte und mehr wollte. Zufrieden hörte ich hinter mir seine schweren Schritte.

»Machst du so was öfter?«, fragte er.

Ich schüttelte den Kopf. »Ich schwörs, du bist die absolute Ausnahme. Normalerweise bin ich ein total braves Mädchen. Aber seit Wochen sehe ich dich, und ich wusste einfach, dass ich dich haben musste. Hört sich komisch an, ist es auch, aber du hast da einfach was an dir …« Am Baumstamm angekommen, drehte ich mich zu ihm um und lächelte verlockend.

Er sah zurück zum Weg. »Hier ist ein guter Platz. Vom Weg aus kann man uns nicht sehen.«

»Stimmt, man kann uns höchstens hören.« Ich zupfte an seinem Shirt, das er sich nun endlich über den Kopf zog. »Dann dürfen wir halt nicht so laut sein«, meinte er.

»Klappe jetzt. Komm endlich her und küss mich!«, forderte ich.

Ben stand nun vor mir, nur noch mit seiner Sporthose bekleidet. Ich strich zärtlich über seine glatte Brust, spürte die harten Muskeln unter der Haut. Als Bens Gesicht direkt vor meinem war, schloss ich die Augen und genoss den atemberaubenden Kuss. Zärtlich, fordernd und erforschend erkundete er meinen Mund. Als unsere Zungenspitzen gegeneinanderstießen, hatte ich das Gefühl, unter Strom zu stehen. Seine nackte Haut war heiß und durch den Schweiß kühl zugleich. Seine Hände wanderten über meinen Hals zu meinem Schlüsselbein, dann strichen sie zärtlich über meine Brüste. Meine Brustwarzen reagierten sofort auf die Berührungen. Er schob mein Shirt nach oben und rieb mit den Fingerkuppen über meine Brustwarzen. Als er mit seiner Zunge meine Warzen leckte, stöhnte ich auf und wölbte mich ihm entgegen. Ich zitterte am ganzen Körper, so intensiv waren die Liebkosungen.

Behutsam strich ich über die beachtliche Beule in seiner Hose. Ben zuckte zusammen, als ich meine Hand unter den Gummibund schob und seinen Harten in die Hand nahm. Mit dem Daumen strich ich über die Eichel, die bereits feucht war.

»Puh, du legst ein Tempo vor!«, stöhnte er mit zusammengebissenen Zähnen. Doch er tat es mir gleich, fasste zwischen meine Beine und strich mit den Fingern über meiner Hose durch meine Spalte. Wow! Er machte mich rasend vor Lust!

Keuchend zerrte ich an seiner Hose, schob meine eigene ebenfalls herunter, sodass Ben meine blank rasierte Muschi sehen konnte.

Bens Schwengel stand steil nach oben, ich war bereit für ihn. Doch nun übernahm er die Initiative.

»Dreh dich um und halt dich am Baumstamm fest«, sagte er rau.

Ich tat, wie mir geheißen, spürte das Moos auf dem Baumstamm unter meinen Händen, und spreizte die Beine, so weit es ging. Dann spürte ich plötzlich Bens Finger, die meine Schamlippen auseinanderzogen. Sein heißer Atem strich über meine Muschi, dann schnellte seine Zunge über meine geschwollene Lustperle. Plötzlich bahnte sich ein Finger seinen Weg in meine Möse. Ich musste die Zähne zusammenbeißen, um nicht laut aufzuschreien.

Bens Zunge war einfach göttlich! Doch ich wollte endlich mehr. Ich wollte seinen harten Pfahl in mir spüren. Jeden Zentimeter von ihm wollte ich auskosten!

Als Ben schließlich von mir abließ, nahm er seinen Schwanz in die Hand und strich mit seiner Eichel durch meine nasse Spalte. Am Eingang verharrte er kurz, dann führte er seinen Steifen langsam in mich ein.

»O Gott!«, stöhnte ich auf. Er war so groß, füllte mich ganz aus! Ich spürte, wie sich Ben in mir bewegte. Er packte meine

Hüfte fest mit beiden Händen und begann, mich langsam zu ficken. Immer wenn er ganz in mir war, verharrte er kurz, bewegte sich leicht hin und her, dann entzog er mir seinen Schwanz wieder, bevor er ihn wieder in mich hineinstieß. Mein unterdrücktes Keuchen machte ihn scharf, sodass er mich immer härter fickte. Seine Eier klatschten gegen meine Schenkel, seine Finger gruben sich in meine Haut.

»Jetzt …«, stöhnte er. »Mir kommts, ich kann es nicht mehr zurückhalten …«

Ich rieb mit den Fingern meinen Kitzler, bis ich explodierte. Jeder harte Stoß trieb mich in höhere Sphären. Ben verkrampfte sich, er verströmte seine heiße Ladung in mir und ich spürte, wie er zitterte. Mein Orgasmus war überwältigend, ich hatte das Gefühl, als würde er niemals enden.

Doch irgendwann nahm ich Bens keuchenden Atem wahr und sein Schwanz erschlaffte ein wenig, sodass er aus mir herausrutschte. Bens Saft lief aus meiner Muschi meine Beine entlang.

Mit wackeligen Beinen drehte ich mich zu Ben um, der schnell seine Hose hochzog.

»Och, willst du ihn denn schon einpacken?«, schmollte ich, zog jedoch ebenfalls meine Hose hoch und richtete meinen BH und mein Shirt.

Ben nahm mein Gesicht in die Hand und küsste mich. »Na ja, ich kann ja wohl schlecht mit heruntergelassener Hose nach Hause joggen. Du warst echt klasse, Kleines!«

Ob er mich wohl nach meiner Telefonnummer fragen würde? Oder war ich tatsächlich nur ein Flittchen für ihn, das mal kurz die Beine für ihn breitgemacht hatte? Ein wenig peinlich war mir das Ganze nun schon. Doch bevor ich darüber nachdenken konnte, wie es nun weitergehen würde, sagte er: »Also, um mal eines klarzustellen: Ich bin kein Mann für eine Nacht oder besser gesagt für eine schnelle Nummer …«

Ich hob fragend die Augenbrauen.

»Dass ich mit dir sensationellen Sex haben kann, weiß ich ja jetzt. Aber lieber wäre mir, ich könnte dich kennenlernen.« Er grinste verschmitzt und ein bisschen verlegen. »Also ich meine … so richtig mit was trinken gehen oder dass ich dich zum Essen ausführe. So ganz normale Dinge eben …« Er sah mich fragend an.

Ich tat so, als müsste ich überlegen, dann aber fiel ich ihm um den Hals und drückte ihm einen Kuss auf den Mund. »Also ich für meinen Teil habe dieses Wochenende nichts vor. Wenn du magst, ich gehöre ganz dir …«

Erotisches Rollenspiel - Die devote Zofe

»Wie siehts aus? Werde ich heute mal wieder überrascht, wenn ich aus dem Büro nach Hause komme?«, fragte mein Mann Jesse und gab mir einen feuchten Kuss, der nach Zahnpasta roch. Ein Klaps auf den Po, ein Griff nach der Aktentasche, und schon war er auf dem Weg zur Tür.

»Wie soll die Überraschung aussehen? Und wann kommst du überhaupt nach Hause?«, rief ich ihm kopfschüttelnd hinterher. Mein Mann war wie immer in Eile.

Er drehte sich noch einmal um und meinte grinsend: »Hm … ich denke, da fällt dir schon was Nettes ein. Ich schaue, dass ich heute früher Schluss machen kann. Soll doch der Lemke auch mal Überstunden klopfen, das schadet ihm gar nichts.«

Ich musste laut lachen, denn ich kannte Jesses Kollegen, der seine Akten öfter mal über den Schreibtisch auf die andere Seite schob mit den Worten: »Wärst du mal so nett …?«

Nur allzu gern wollte ich meinen Mann mal wieder überraschen. Wir hatten auch nach sechs Jahren Ehe noch häufig Sex und schlüpften dabei auch mal in irgendwelche Rollen. Während ich die Hausarbeit erledigte, zerbrach ich mir den Kopf darüber, was ich machen könnte. Klar, Jesses Lieblingsessen würde mit Kerzen und feinen Servietten inklusive einer guten Flasche Wein auf dem Tisch stehen. Als ich im Kopf die Einkaufsliste zusammenstellte, reifte in mir ein Gedanke.

Es würde eine Pasta mit Lachsstreifen und Sahnesoße geben, doch ich würde dafür sorgen, dass das Essen noch nicht fertig war, wenn Jesse nach Hause kam. Ich wusste, er würde mir eine kurze Nachricht schicken, wenn er losfuhr, damit ich planen konnte. Ich war sehr gespannt, was er zu meiner Überraschung sagen würde, und malte mir bildlich im Kopf aus, was er wohl alles mit mir anstellte. Allein schon beim Gedanken daran wurde mir heiß und meine Muschi meldete sich mit einem Kribbeln …

Nach dem Einkaufen gönnte ich mir ein heißes Schaumbad, rasierte mich sorgfältig an allen Körperstellen, nur auf dem Schamhügel ließ ich ein züchtiges Dreieck stehen. Danach cremte ich mich ein und legte Jesses Lieblingsparfüm auf. Ein dezentes Make-up reichte. Jesse mochte es nicht, wenn ich zu stark geschminkt war. »Das hast du mit deinen fünfunddreißig Jahren doch gar nicht nötig«, sagte er immer. Ich liebte es, wenn er mich dabei zärtlich und zugleich bewundernd ansah. Innerlich dankte ich meiner Mutter für die guten Gene, die sie mir mitgegeben hatte. Oftmals wurde ich für Ende zwanzig gehalten, was wohl das schönste Kompliment für eine Frau war.

Ein Blick auf die Uhr sagte mir, dass ich noch genügend Zeit hatte. Viel anzuziehen hatte ich ja nicht. Meine halterlosen, schwarzen Seidenstrümpfe, durch die sich die zärtlichen Hände meines Mannes so geil anfühlten, das Höschen ließ ich lieber gleich weg, und das einzige andere Kleidungsstück war eine neckische schwarz-weiße Schürze mit einer breiten Schärpe, die ich mir im Rücken zu einer großen Schleife band. Die Schürze war mit Rüschen gesäumt. Eigentlich gehörte ein Häubchen dazu, aber das war mir zu albern. Ich trug meine lockigen, dunklen Haare, die mir bis über die Schultern fielen, offen. Im offenen Wohn- und Essbereich legte ich noch diverse Utensilien, wie zum Beispiel drei verschiedene

Dildos, einen Aufliegevibrator und eine kleine Peitsche bereit. Natürlich durfte ich auch das Gleitgel nicht vergessen. Jesse konnte sich aussuchen, was er benutzen wollte, denn heute war ich seine Zofe …

Nachdem ich Jesses Nachricht erhalten hatte, dass er sich auf dem Nachhauseweg befand, überprüfte ich im Bad noch einmal den Sitz der aufreizenden Schürze und der Schleife. Die Weinflasche war entkorkt und der Rotwein schimmerte bereits in den Weingläsern.

Der Schlüssel drehte sich im Schloss und Jesse rief in der Diele: »Bin da, Süße!«

Ich huschte hinaus zu ihm, bemerkte das Blitzen in seinen Augen, und sah ihn kurz an, bevor ich meinen Blick sittsam niederschlug und einen angedeuteten Knicks vor ihm machte.

»Darf ich dir die Jacke abnehmen, mein Gebieter?«, sagte ich respektvoll, nahm meinem verblüfften Mann die Jacke ab und hängte sie ordentlich an die Garderobe. Hinter mir hörte ich einen leisen Pfiff, als Jesse mein blankes Hinterteil zum ersten Mal wahrnahm. Ich konnte mir ein kleines Lächeln nicht verkneifen, doch als ich mich zu ihm umdrehte, war mein Gesichtsausdruck wieder ernst.

Ich nahm Jesse bei der Hand. »Bist du durstig und hungrig, mein Herr?«

»Beides.« Jesse schluckte trocken.

»Dann folge mir bitte …« Ich ließ seine Hand los und lief leichtfüßig in meinen hochhackigen, schwarzen Schuhen vor ihm her in den Wohnbereich. Dabei achtete ich darauf, dass mein Hintern schön zur Geltung kam. Schon längst spürte ich dieses Kribbeln zwischen meinen Beinen. Am liebsten hätte ich mich sofort von Jesse vernaschen lassen, aber er lief ja nicht schon den ganzen Tag mit diesem Kopfkino durch die Gegend. Ich war schon die ganze Zeit scharf.

Ich reichte Jesse das Weinglas, ließ meines jedoch stehen. Ich würde erst trinken, wenn er es mir erlaubte.

»Magst du nichts trinken?«, fragte er verblüfft.

»Nur wenn es mein Herr mir erlaubt«, sagte ich demütig.

Jesse lachte leise und forderte mich auf, mit ihm anzustoßen. Während ich an meinem Glas nippte, schenkte ich ihm einen tiefen Blick.

Ich seufzte leise und stellte mein Glas ab. »Ich mache nur schnell das Essen fertig, setz dich doch bitte solange und schau mir zu«, bat ich.

Ich hatte das Essen absichtlich nicht ganz fertig gemacht, damit Jesse das Vergnügen hatte, mir beim Kochen zuzuschauen.

Die flackernden Kerzen auf dem Tisch verströmten ihr weiches Licht und im Hintergrund lief leise, dezente Musik. Ich stand am Herd, rührte in den Töpfen, und lief immer wieder geschäftig hin und her. Immer in dem Bewusstsein, dass Jesses Blick auf meinem nackten Hintern ruhte. Ich musste mich zusammennehmen, um mir nicht zwischen die Beine zu greifen und meine pralle Perle zu streicheln.

Jesse sah mir zu, ohne ein Wort zu verlieren. Nur seine begehrlich glänzenden Augen folgten jeder meiner Bewegungen.

Ich spürte Jesses warmen Atem in meinem Nacken. Unvermittelt streichelte er meine nackten Pobacken. Ich hielt inne, drehte mich aber nicht zu ihm um.

»Plötzlich habe ich gar keinen Hunger mehr«, flüsterte er rau in mein Ohr. »Könntest du nicht später fertig kochen?«

Ich drehte mich um und machte einen kleinen Knicks. »Wie du befiehlst, mein Herr.« Ich nahm die Soße von der heißen Herdplatte und stellte die Pasta in den vorgeheizten Ofen, damit sie heiß blieb.

Jesse nahm mich bei der Hand und führte mich ins Wohnzimmer. Er stand dicht vor mir. »Meine kleine Zofe«, sagte er leise, umschloss mein Gesicht mit seinen Händen und küsste mich. Seine Hand wanderte begehrlich über meine nackte Brust, drückte sanft meine Brustwarze und tastete sich dann hinunter zu meinem Po. Ich erschauerte und unterdrückte ein Stöhnen, als er meine Pobacken mit seinen Händen umschloss und sie zusammendrückte.

»So. Du wirst also tun, was ich möchte? Na dann wollen wir mal sehen …« Er besah sich die Utensilien, die ich bereitgelegt hatte.

»Darf ich dir einen blasen, Herr?«, fragte ich demütig.

»Nein. Dazu habe ich im Moment keine Lust. Ich will dir deine Löcher stopfen. Mein Schwanz ist bereit, prall und steif. Lehne dich hier über die Rücklehne des Sessels und mach die Beine breit«, befahl er in strengem Ton.

Ich tat wie mir geheißen, legte meinen Oberkörper über die Rücklehne und stützte mich mit den Händen auf den Lehnen des Sessels ab. Die Beine spreizte ich, soweit es ging und wartete gespannt und mit feuchter Muschi, was mein Gebieter nun mit mir anstellen würde.

Ich zuckte zusammen, als ich Jesses warme Hand zwischen meinen Beinen bemerkte und seine Finger meine Schamlippen spreizten. Plötzlich spürte ich etwas Feuchtes in meiner Spalte. Jesse verteilte das Gleitgel, sodass meine Muschi total glitschig und nass war. Dann zuckte ich ein weiteres Mal zusammen, als plötzlich das kühle Gel zwischen meinen Arschbacken tropfte und über meinen Schließmuskel lief. Jesse verteilte das Gel großzügig überall und kurz drückte sein Finger in meinen Anus. Ich konnte spüren, wie er sich in mir bewegte. Jesse zog seinen Finger zurück, tauchte ihn in meine Muschi und gleich darauf weiteten zwei Finger meinen Anus. Ich hörte ein Keuchen, dann zog Jesse seine Finger zurück und das Ratschen seines Reißverschlusses erklang.

»Du lüsternes kleines Biest ...«, keuchte Jesse und drückte seinen harten Schwanz an den Eingang meiner Muschi. »Tust so unterwürfig und machst mich dabei so scharf, dass ich die Beherrschung verlieren könnte.« Er stieß seinen Schwanz tief in meine Muschi und mein Innerstes zog sich zusammen vor Lust. Jesse stieß ein paarmal hart und tief in mich hinein, dann zog er seinen Schwanz bis zur Hälfte heraus. Auf das, was dann kam, war ich nicht vorbereitet, denn ich zuckte kurz zusammen, als ich etwas Kühles an meinem Schließmuskel spürte. Jesse würde mir den Dildo, den ich eigentlich für andere Zwecke bereitgelegt hatte, in den Po einführen! Der Dildo drückte verlangend nach Einlass. Ich versuchte, mich zu entspannen, legte Hand an mich selbst und stimulierte meinen Kitzler. Nach wenigen kurzen Stößen drang der Dildo weiter in meinen Po. Nach wenigen Zentimetern zog ihn Jesse zurück, sodass nur noch die Spitze in mir steckte. Stattdessen rammte er mir seinen Schwanz bis zum Anschlag in die Möse. Ich schrie auf und keuchte. Mein Kitzler war prall und kribbelte. Als Jesse seinen Schwanz zurückzog, führte er den Dildo unter sanftem Druck tiefer in meinen Arsch. Inzwischen hatte ich mich daran gewöhnt, dass ich in zwei Löcher gefickt wurde. Es war einfach unglaublich scharf!

»Ich will dich in den Arsch ficken«, presste Jesse mit zusammengebissenen Zähnen hervor. Er war mindestens genauso scharf wie ich. Er entzog mir den Dildo, führte ihn in meine Muschi ein. Dann spürte ich seinen Schwanz an meinem Schließmuskel, der Einlass begehrte. Durch den Dildo war mein Anus schon geweitet, deshalb konnte ich den süßen, kleinen Schmerz lustvoll genießen, als er in mich eindrang.

»Oooh ... ich kann es nicht mehr lange zurückhalten«, stöhnte ich und befingerte meinen Kitzler wild. Jesse stieß fester zu. Jedes Mal, wenn er mit seinem Schwanz in mich stieß, rutschte der Dildo ein Stück aus meiner Möse heraus. Jesse hielt ihn jedoch unerbittlich fest, damit er nicht ganz herausrutschen konnte.

»Ich bin auch gleich soweit!«, keuchte er. Er entzog mir seinen Schwanz, ließ den Dildo aus mir herausgleiten und stieß hart und unerbittlich in meine Muschi. Mit jedem Stoß tauchte ich tiefer in den Strudel aus Lust.

Ich schrie auf, als es mir kam. Jesse hatte mich hart an den Hüften gepackt, stöhnte rau auf und verkrampfte sich.

»Stoß mich!«, rief ich. »Gib es mir hart!« Und Jesse stieß wieder und wieder in mich, während sein Schwengel seinen Saft in mich hineinspritzte.

Kurz verharrten wir, Jesses Schwanz, tief in mir, zuckte noch ein bisschen. Doch dann entzog er ihn mir. »Junge, das war vielleicht ein Orgasmus!«, sagte er. »Und jetzt habe ich einen Bärenhunger!«

Ich lachte kurz auf, dann knickste ich artig. »Ganz wie mein Meister befiehlt!«

Während ich das Essen fertig zubereitete, verschwand Jesse kurz im Bad, um zu duschen.

Wir ließen uns das köstliche Essen munden, tranken Wein, und irgendwann sagte Jesse: »So, das war alles toll und hat mich richtig scharfgemacht, doch nun sollten wir das mit der Zofe und ihrem Herrn lassen, findest du nicht auch?«

Ich grinste. »Heißt das, ich darf wieder tun und lassen, was ich will?«

»Aber natürlich!«, versicherte Jesse und schob sich die letzte Gabel mit Lachs in den Mund.

Jesse staunte nicht schlecht, als ich von meinem Stuhl rutschte und auf die Knie ging.

»Was soll das denn?«

Ich öffnete den Reißverschluss seiner Hose und befreite seinen schlaffen Schwanz aus seinem Gefängnis. Lange würde er nicht so klein bleiben …

Zärtlich leckte ich mit der Zunge über die Eichel. Jesse zuckte zusammen, denn sein Großer war noch ganz schön überreizt. Allerdings bemerkte ich auch noch eine andere Reaktion, als ich ihn in den Mund nahm und sanft daran saugte. Er wurde schon wieder hart. Eifrig leckte und saugte ich, nahm ihn tief in meinen Mund auf und als er zu groß wurde, um ihn ganz aufzunehmen, leckte ich an seiner Eichel, während meine Hand an seinem harten Schaft auf und ab fuhr.

Jesse hatte sich zurückgelehnt und die Augen geschlossen. Er genoss still, was ich tat, nur sein Atem ging schneller.

Doch schon bald verkrampften sich seine Hände am Stuhl und er schob sich meinem Mund entgegen. Sein Atem ging stoßweise. Die Tropfen, die sich auf seiner Eichel bildeten, leckte ich gewissenhaft ab. Es dauerte nicht mehr lange. Als er kam, stülpte ich meine Lippen über seine Eichel und pumpte mit der Hand seinen Saft in meinen Mund. Ich schluckte alles. Bis auf den letzten Tropfen. Als nichts mehr kam, wischte ich mir genüsslich den Mund ab.

»Na, wie war ich?«, sagte ich grinsend.

»Genial wie immer!«, meinte Jesse schmunzelnd und packte sein Glied wieder ein. »Aber nun reichts erst mal, hm?«

Na ja, dachte ich, wer weiß, vielleicht ging ja später noch mal was …

Quickie auf der Rückbank

Letzten Freitag ist mir etwas völlig Verrücktes, mit dem ich nie gerechnet hätte, passiert …

Es war ein langweiliger Tag im Büro gewesen und kurz vor Ladenschluss hetzte ich noch in den Supermarkt, um ein paar Lebensmittel einzukaufen, die ich beim Großeinkauf vergessen hatte. An der Kasse merkte ich, dass ich meine EC-Karte zu Hause in meiner anderen Geldbörse vergessen hatte und daher nur wenig Bargeld dabei hatte. Ich zählte die Münzen ab, bemerkte, dass ein paar Kunden hinter mir bereits anfingen zu tuscheln, und prompt geschah das Malheur: Mir fehlten genau 55 Cent, um meinen Einkauf zu bezahlen. Resigniert bat ich die Verkäuferin, die Butter wieder zurücklegen zu dürfen, als eine tiefe Stimme hinter mir sagte: »Kein Problem, ich lege das Restgeld drauf.«

Mein Kopf schoss herum, und während zwei Kundinnen mich missbilligend musterten, lächelte mich dieser verdammt attraktive Mann mit seinen stahlblauen Augen an und kramte in seinem Geldbeutel nach dem fehlenden Kleingeld.

Mit hochrotem Kopf sagte ich abwehrend: »Nein, das kann ich nicht annehmen. Es ist nicht so schlimm, ich brauche die Butter nicht wirklich dringend. Aber nett von Ihnen, dass Sie mir helfen möchten.«

»Kommt nicht infrage«, sagte er, reichte der Kassiererin die Münzen und bei seinem Lächeln vertiefte sich das Grübchen auf seiner Wange. Meine Güte, hatte dieser Kerl ein umwerfendes Lächeln! In diesen blauen Augen hätte ich versinken können, hätten sich die zwei Kundinnen nicht genau in diesem Moment geräuspert. »Geht das heute noch?«, sagte die eine giftig, und ich nahm das Angebot des Unbekannten lieber schnell an, bevor noch ein Gewitter über mich hereinbrach. Ich bedankte mich und eilte nach draußen, um dieser unangenehmen Situation zu entkommen. Es war bereits stockdunkel und bitterkalt, mein dünner Mantel schützte mich nur unzureichend vor der Kälte.

Als ich mein Auto aufgeschlossen hatte und eben im Begriff war einzusteigen, bemerkte ich, dass mein Retter in der Not in dem Moment ebenfalls ins Freie trat und sich suchend umsah. Er sah mich und eilte auf mich zu. »Das war eben was, hm?«, sagte er grinsend. »Diese Weiber hätten Sie am liebsten an den Pranger gestellt.«

Er war mir so nahe, dass ich seinen Atem, der nach frischer Minze roch, wahrnehmen konnte. Der Mann überragte mich um eine Haupteslänge, er war breitschultrig und so was von gut aussehend, dass ich mir ein Seufzen fast nicht verkneifen konnte. Da ich immer noch nichts gesagt hatte, meinte er: »Sorry, ich habe mich gar nicht vorgestellt. Ich bin Micha und wie heißt du?« Wow, er duzte mich einfach ungefragt. Irgendwie frech, aber auch irgendwie sexy und als wäre es das Selbstverständlichste der Welt.

»Nenn mich einfach Biene. Sabine klingt so langweilig«, hauchte ich. Mein Herz schlug mir bis zum Hals.

»Und was hast du heute noch vor … Biene?«, fragte er aufreizend leise und kam noch ein bisschen näher. Nun konnte ich den Kranz kleiner Fältchen um seine Augen sehen und hätte viel darum gegeben, diese Situation endlos lang hinauszuziehen.

»Nichts«, sagte ich und kam mir dämlich vor, weil mir einfach nichts Intelligentes einfallen wollte.

»Ganz ehrlich ... glaubs oder lass es bleiben, aber normalerweise spreche ich Frauen nicht auf dem Parkplatz eines Supermarktes an. Aber du bist mir so ins Auge gestochen, dass ich dich nicht so einfach gehen lassen konnte. Wäre es arg unverschämt, wenn ich dich fragen würde, ob du dich mit mir in meinem Auto noch ein Weilchen unterhalten würdest? Ich kann dich leider nicht zum Essen ausführen oder irgendwas Romantisches anstellen, weil ich verheiratet bin.«

»Oh!«, entfuhr es mir enttäuscht. Ehrlich war er ja, im Gegensatz zu vielen anderen Männern. Aber auch ganz schön unverschämt. Allerdings ... seit ich mich von Tobias, meinem Ex-Freund, getrennt hatte, habe ich mir die Männer ausgesucht, die mir gefielen, und ich machte mir keinen Kopf darüber, ob sich das nun gehörte oder nicht. Ich war frei und konnte tun und lassen, was ich wollte. Und auf was das hier hinauslaufen würde, war selbst mir in meiner grenzenlosen Naivität klar.

Bevor ich weiter darüber nachdenken konnte, antwortete ich: »Wenn du das mit deinem Gewissen vereinbaren kannst, ich habe keine Probleme damit«, und grinste nun meinerseits frech und provokant.

»Es gefällt mir, wenn Frauen wissen, was sie wollen«, sagte er mit einem breiten Lächeln und strich mit seinem Zeigefinger die Konturen meiner Lippen nach. Trotz der Kälte hatte er warme Hände und bei der Berührung durchfuhr ein Stromstoß meinen Körper.

»Wo steht denn dein Auto?«, hauchte ich mit weichen Knien.

Er ruckte mit dem Kopf nach links und sagte: »Dort drüben, neben dem Markt. Dort wären wir schön ungestört. Ich gestehe, du ziehst mich wahnsinnig an. Auf eine erotische, sexy Art und Weise. Ich glaube, es war Schicksal, dass sich ausgerechnet heute unsere Wege gekreuzt haben.«

Ich drückte auf meinen Autoschlüssel und mein Wagen verschloss sich mit einem Piepen. Micha nahm meine eiskalte Hand in seine warme Pranke und sofort fühlte ich mich geborgen. Mein Herz klopfte aufgeregt, als ich ihm ins Ungewisse folgte. Nein, ich hatte keine Angst, dass der Fremde ein Triebtäter sein könnte. Vergewaltigen musste er mich ganz bestimmt nicht!

Wider Erwarten war der Innenraum seines SUVs noch warm und vor allem war es ein großer Wagen, der viel Spielraum für meine Fantasie, die in meinem Kopf Purzelbäume schlug, ließ.

Ich trug einen Rock, der bis zu den Knien ging und als ich mich in die weichen Polster sinken ließ, klaffte mein Mantel über den Beinen auf. Micha beugte sich zu mir herüber, sah mich fragend an und begann dann damit, meinen Mantel aufzuknöpfen. Immer wieder berührte er dabei wie zufällig meinen Körper, der bereits unter Strom stand. Sein Aftershave vernebelte meine Sinne, meine Lippen öffneten sich bereitwillig seiner Zunge …

Michas Hand tastete sich meine Beine entlang, fuhr sachte über meine Nylonstrümpfe und verursachte damit ein Gefühlschaos in mir, das sich gewaschen hatte. Einerseits wünschte ich mir, diese Spannung würde niemals aufhören, andererseits hätte ich ihm am liebsten das Hemd vom Leibe gerissen und seinen Steifen in mir gespürt.

Ein Keuchen entrang sich meiner Kehle, als ich Michas Hand zwischen meinen Beinen spürte. Sie strahlte eine Hitze aus, ich wölbte mich ihr entgegen, wehrte mich nicht, als Micha durch die Strumpfhose mein Höschen zur Seite schob und durch das Nylon meine Nässe spürte.

Nun wollte ich selbst spüren, wie scharf er war. Ich tastete mit meiner linken Hand nach seinem Schritt und fühlte eine große Beule. »Wow!«, seufzte ich. »Hilf mir mal, ihn aus seinem engen Gefängnis zu befreien.«

Micha nestelte an seinem Gürtel, zerrte ungeduldig an dem Reißverschluss und schließlich konnte ich seinen hart aufgerichteten Schaft sehen. Er war groß, feucht und seine Eichel glänzte im schwachen Licht, das von den Straßenlaternen ins Auto schien.

Ich beugte mich zu ihm hinüber, leckte mit der Zunge zärtlich die Tröpfchen weg, stülpte meine Lippen über die Eichel und saugte sanft an seinem Glied. Ein leises Stöhnen sagte mir, dass ich es genau richtig machte. Immer tiefer glitt der harte Schwanz in meinen Mund und ich saugte und leckte, bis Micha mich plötzlich von sich schob.

»Nicht … sonst kommt es mir zu schnell«, murmelte er, beugte sich wieder zu mir herüber und fingerte an meiner Strumpfhose herum. Ich spürte, wie die Strumpfhose nachgab, dann riss, und plötzlich glitt Michas Finger durch meine feuchte Spalte und fand den Weg in mein Innerstes. Ein lustvolles Stöhnen entrang sich meiner Kehle. Micha führte einen zweiten Finger in mich ein, spielte mit dem Daumen an meinem Kitzler, während mich das Spiel seiner Finger in meiner Möse fast rasend machte vor Lust.

Diesmal war ich es, die ihn von sich schob. »Moment …«, keuchte ich. »Nicht so schnell, ich will dich ganz in mir spüren.« Ich kramte kurz und zielsicher in meiner Handtasche, dann förderte ich ein Kondom zutage. »Gott sei Dank hab ich immer eines dabei …«, sagte ich und reichte ihm das Kondom.

Micha öffnete die Packung mit den Zähnen und rollte sich das Kondom mit geübtem Griff über seinen Schwanz. Dann schob er seinen Sitz so weit zurück, wie es möglich war, um mir Platz zu schaffen. Ich kletterte ungeschickt, weil ich ihn jetzt und sofort wollte, über die Mittelkonsole. Endlich hatte ich es geschafft, nur war leider immer noch die Strumpfhose im Weg. Unmöglich, sie in der Enge des Wagens auszuziehen.

»Ach scheiß drauf …«, murmelte ich, griff beherzt in das schon vorhandene Loch, das Michas Finger hineingebohrt hatte, und riss mit einem Ruck die Strumpfhose entzwei. Mein Höschen schob ich einfach zur Seite, dann war ich frei für Michas Schwanz. Ich nahm den Steifen in die Hand, ließ ihn über meinen Kitzler gleiten, durch meine nasse Spalte und schob ihn an den Eingang meiner Möse. Als ich ihn aufreizend langsam in mich hineingleiten ließ, hielt ich mich mit beiden Händen an der Kopfstütze fest. Micha hatte meine Bluse aufgeknöpft und meine prallen Brüste aus dem BH befreit. Seine Zunge schnellte um meine Knospen, während seine Hände meine festen Brüste kneteten. Es war ein wahnsinnig geiles Gefühl, nicht zuletzt auch deshalb, weil jederzeit jemand hätte vorbeikommen und uns in flagranti erwischen können. Auch Micha stöhnte nun immer heftiger, ein Knurren kam aus seiner Kehle, als ich mich jetzt ganz auf ihm niederließ und sein harter Pfahl in mir versank. Ich wiegte mein Becken hin und her, beugte mich zu Micha hinunter und umspielte seine Zunge mit meiner. Mit meiner rechten Hand stützte ich mich am Fenster ab, das durch die Hitze mit Kondenswasser überzogen war. Als ich die Hand wegnahm, war der Abdruck für wenige Sekunden sichtbar, bevor das Wasser in Schlieren nach unten rann. Dies alles nahm ich wie durch einen Nebel wahr, während Micha sich unter mir wand.

Sein harter, pulsierender Schwanz machte mich total verrückt. Ich ritt ihn und warf den Kopf nach hinten, stöhnte und keuchte, als ich spürte, dass sich meine Muskeln zusammenzogen und ich meinen Orgasmus nicht mehr aufhalten konnte. Die Kontraktionen meines Unterleibs waren so heftig, dass es schon fast wehtat.

»O Mann«, stöhnte Micha plötzlich. »Ich kann es nicht mehr halten, du bist einfach zu gut …«

Seine heiße Ladung schoss in das Kondom hinein. Ich stoppte meinen wilden Ritt, genoss das Pulsieren des Schwanzes, mit dem die letzten Tröpfchen herausgepresst wurden. Michas Hände krallten sich immer noch um meine Hüften, nur langsam kam er wieder zu sich.

Als er die Augen aufschlug und mich ansah, stahl sich ein Lächeln auf seine Lippen. »Meine Güte, das war unglaublich!«, sagte er, während sich sein Atem nur langsam beruhigte. Auch mein Herz schlug immer noch schnell und hart in meiner Brust.

Ich küsste Micha ein letztes Mal zärtlich, bevor ich mit zitternden Knien zurück auf den Beifahrersitz kletterte. »Junge, Junge … so was hab ich auch noch nie erlebt«, sagte ich und musste grinsen. Da war ich mit einem wildfremden Mann ins Auto gestiegen und hatte den geilsten Sex seit Langem gehabt.

Ich zerrte an meinem Höschen und meiner zerrissenen Strumpfhose herum, knöpfte mir die Bluse zu und fuhr mir durch die Haare. »Wird ein bisschen luftig untenrum, wenn ich jetzt aussteige«, sagte ich trocken. Micha lachte lauthals. »Du hast gut lachen! Du machst die Hose zu und fertig«, maulte ich, meinte es jedoch nicht ernst. »Hoffentlich sieht mich keiner der Nachbarn im Treppenhaus. Hier draußen ist es ja Gott sei Dank stockfinster.«

Micha fuhr mir noch einmal über die Wange, strich mein Haar aus meinem Gesicht und küsste mich. »Du warst echt spitze, Süße! Ich werde mit Sicherheit noch lange an dich denken!«

Mit einem provozierenden Lächeln erwiderte ich: »Wer weiß … vielleicht trifft man sich ja mal wieder …«

»Ja, wer weiß …«, sagte Micha.

Ich stieg aus und ging zurück zu meinem Wagen, ohne mich noch einmal umzudrehen. Wir beide wussten, dass es keine Wiederholung geben würde …

Ein scharfer Abend unter Freunden

»Ich freue mich so sehr auf unseren Abend bei Conny und Mike!«, sagte ich zu Marco und zog sorgfältig meine schwarzen halterlosen Nylons, die ich vorher aufgerollt hatte, über mein Bein, wobei ich darauf achtete, dass die Naht hinten exakt mittig saß. »Passt das so?«, fragte ich und drehte mich um, damit Marco noch einmal den Sitz der Strümpfe begutachten konnte.

Er trat hinter mich und fuhr mit den Fingern sanft die Naht entlang. Es kitzelte ein wenig, jagte jedoch auch einen Schauer der Erregung durch meinen Körper.

»Sitzt perfekt«, raunte mein Mann in mein Ohr und küsste meinen Nacken. »Wenn du jetzt noch deine High Heels und deinen Minirock trägst, vernasche ich dich hier und jetzt auf der Stelle.«

Ich kicherte und entzog mich ihm. »Ein bisschen musst du dich noch gedulden, mein Schatz!« Ich eilte ins Schlafzimmer und schlüpfte in meinen schwarzen Ledermini. Die schwarze Seidenbluse, die ich nur so weit zugeknöpft hatte, dass man die Ansätze meiner Brüste sehen konnte, glänzte matt. Natürlich trug ich zu meinem Outfit passend einen BH aus schwarzer Spitze mit kleinen Strasssteinchen in der Mitte und als kleine Überraschung für unsere Freunde unten herum nichts. Eine weiße Perlenkette und die dazu passenden Ohrhänger bildeten den einzigen Kontrast.

Vor meinem reichlich gefüllten Schuhschrank blieb ich ratlos stehen. Schließlich entschied ich mich für ein Paar rote High Heels aus glänzendem Lack und goldene Stilettos mit Glitzersteinchen an den dreizehn Zentimeter hohen Absätzen.

»Was meinst du? Welche soll ich nehmen?«, fragte ich und stellte beide Schuhpaare vor Marco hin. Der brauchte nicht lange zu überlegen. »Die goldenen!«, sagte er überzeugt.

Ich schlüpfte in die Schuhe und betrachtete mich zufrieden im Spiegel.

»Heiß siehst du aus!«, raunte Marco, trat hinter mich und schob meine dunkelbraunen Haare, die mir in weichen Wellen über die Schultern fielen, zur Seite. »Hm … rieche ich da Chanel?«

Ich spürte seinen warmen Atem und seine Zungenspitze an meinem Hals. Zärtlich liebkoste er meine empfindliche Haut … ein wohliger Schauder ließ mich erzittern.

»Könnten wir nicht noch kurz …«

Lachend wandte ich mich ab. »Nein! Auch wenn ich nichts dagegen hätte … aber schau mal auf die Uhr. Wir wollen Conny und Mike doch nicht warten lassen.«

Vor ungefähr einem halben Jahr hatten wir die beiden bei einem Besuch im Swingerklub kennengelernt und waren seitdem Freunde. Conny war eine bildhübsche, zierliche Blondine mit schulterlangen blonden Haaren und Mike war ein Hüne von Mann. Schwarze kurze Haare, stahlblaue Augen und einen Körper wie von Göttern erschaffen. An diesem Abend war kein Pärchen da gewesen, das uns angetörnt hatte, doch als wir auf Conny und Mike getroffen waren, war der Funke sofort übergesprungen. Wir hatten hemmungslosen Sex gehabt und seitdem hatten wir ein Ritual: Wir trafen uns einmal im Monat, jeden zweiten Samstag, bei Conny und Mike, denn die beiden hatten sich in ihrem stattlichen Einfamilienhaus eine Liebeshöhle eingerichtet. Es gab Liebesspielzeug in allen Variationen. Vibratoren, Dildos in jeder Größe, mit und ohne Noppen, eine mit Leder bezogene Bank, auf der man alles Mögliche anstellen konnte. Selbst ein Andreaskreuz mit Hand- und Fußfesseln hing an einer Wand. Deshalb waren unsere Treffen jedes Mal ein prickelndes erotisches Abenteuer. Anfangs hatten wir Kondome benutzt, doch irgendwann ließen wir uns untersuchen, und als klar war, dass wir alle keine Krankheiten hatten, ließen wir die lästigen Dinger weg.

»Du hast recht«, sagte Marco. »Je eher wir dort sind, umso schneller kommen wir zu unserem Vergnügen.«

Conny, die in ihrem knappen, dunkelroten Kleid zauberhaft aussah, begrüßte uns mit Wangenküsschen. Marcos Blick glitt an ihr hinunter und er stieß einen anerkennenden Pfiff aus, denn Conny hatte schicke Netzstrümpfe an. »Wow! Das steht dir hervorragend!«, meinte er.

»Schön, dass ihr da seid! Wir konnten es kaum erwarten«, sagte Conny lächelnd.

Ich drückte ihr eine Flasche Rotwein in die Hand. »Ging uns genauso!«, erwiderte ich.

Aus dem Wohnzimmer drang ein leises Plopp. »Geht schon mal vor«, sagte Conny. »Mike schenkt gerade den Champagner ein. Außerdem haben wir heute eine Überraschung für euch!« Sie zwinkerte uns zu und brachte die Weinflasche in die Küche.

»Wow, da bin ich aber mal gespannt!«, sagte Marco.

Im Wohnzimmer drückte uns Mike einen Sektkelch in die Hand, der von dem eisgekühlten Champagner beschlagen war. »Prost! Auf einen schönen Abend!«, sagte Mike, als Conny zurück war.

Ich nahm einen kleinen Schluck. »Hm … köstlich!« Das Getränk kribbelte in meiner Nase.

»So, lasst mal hören!«, sagte Marco neugierig, als wir uns an den Esstisch gesetzt hatten, auf dem ein Teller mit ein paar liebevoll angerichteten Häppchen stand. »Was für eine Überraschung ist es denn? Wir sind total gespannt!«

»Nicht so schnell«, meinte Mike und zwinkerte seiner Frau grinsend zu. »Ihr werdet es schon noch früh genug sehen. Aber hier …«, er schob den Teller in unsere Richtung, »greift doch erst mal zu.« Als ich an einem Stückchen Baguette, das mit einem herrlich zarten Lachs belegt war, knabberte, beugte sich Mike etwas seitlich vor und warf einen Blick auf meine Beine.

»Ich hab mir vorhin schon gedacht … Donnerwetter! Diese Strümpfe betonen deine schlanken Beine perfekt, Lisa! Sind das Strumpfhosen oder Strümpfe?«, wollte er wissen. Er beugte sich noch weiter vor und fuhr mit der Hand federleicht von meiner Wade bis hoch übers Knie. Ich bebte innerlich, denn das Gefühl durch die hauchzarten Nylons war unglaublich prickelnd.

»Strümpfe«, antwortete ich. »Halterlos und …«, ich machte eine kurze Pause und fügte hinzu: »Ich trage nichts darunter.«

»Wow!«, flüsterte Mike andächtig. Nicht nur Marco, auch ihn törnten Strümpfe unheimlich an. Mike warf Conny und Marco einen Blick zu. »Darf ich?«

Marco machte eine zustimmende Geste. »Wenn Lisa mag, nur zu! Wobei ich Netzstrümpfe mindestens genauso geil finde.«

Conny schlüpfte aus ihrem rechten Schuh, streckte unter dem Tisch ihr Bein aus und legte ihren Fuß auf Marcos Schoß. Sie wackelte mit den Zehen. »Du darfst mich ruhig ein wenig massieren«, forderte sie meinen Mann auf.

Mike war mit seinem Stuhl seitlich neben den Tisch gerutscht, nahm behutsam mein rechtes Bein in die Hände und legte meinen Fuß mitsamt dem High Heel auf seinem Schoß ab.

»Soll ich den Schuh ausziehen?«, fragte ich, doch Mike schüttelte den Kopf. »Nein, es ist gut so, ich möchte ihn dir selbst ausziehen. Aber zuerst möchte ich den scharfen Anblick genießen. So ein High Heel in Gold und mit Glitzersteinchen hat schon was! Und erst dieser Absatz! Wow … ich stelle mir grad vor, wie du über Conny stehst und ihn ihr langsam zwischen die Pobacken drückst …« Mein Schoß war entflammt! Allein diese Vorstellung ließ meinen Atem schneller gehen.

»Autsch!«, kam es von Conny, sie kicherte kurz. »So ein Absatz – das sind mindestens dreizehn Zentimeter – kann bestimmt ganz schön wehtun.«

»Der kann aber auch bestimmt ganz schön guttun. Je nachdem, wie man es macht.« Ich zwinkerte ihr zu und sog scharf die Luft ein, als Mike die Naht meines Strumpfes mit den Fingerspitzen entlangfuhr. Erst an meinem Oberschenkel stoppte er. »Das fühlt sich so geil an! Ich liebe Nylons. Das Feeling, der Geruch …« Sanft streifte er meinen Schuh ab, hielt ihn andächtig in der Hand und schnupperte daran. »Hm … diese Mischung aus Leder und deinem Fuß rieche ich besonders gern. Und wunderschön finde ich, wenn der dunkelrote Nagellack so geheimnisvoll durch das schwarze Nylon schimmert.«

Er stellte den Schuh auf dem Parkettboden ab und nahm meinen Fuß zwischen seine warmen Hände.

Marco hatte jegliches Interesse daran verloren, uns zuzusehen, denn nachdem er Connys beide Füße ausgiebig liebkost hatte, hatte diese damit begonnen, mit dem rechten Fuß seinen Schritt zu massieren. Nun lehnte er sich mit geschlossenen Augen zurück und genoss die Zärtlichkeit. Bestimmt stand *er* schon wie eine Eins.

Ich seufzte auf, als Mike meine Zehen nacheinander in den Mund nahm und mit der Zungenspitze darüberfuhr. Durch das Nylon fühlte es sich besonders intensiv an, ich spreizte die Beine ein klein wenig und gewährte Mike Einblicke unter meinem Rock, bei denen seine Augen gierig glitzerten.

»Deine Muschi sieht sehr einladend aus«, raunte er. Mit beiden Händen fuhr er an der Innenseite meiner Schenkel nach oben, bis er meine nackte Haut berührte. Mit sanftem Druck schob er meine Beine ein wenig weiter auseinander. Ich keuchte auf, als seine Daumen sich in der Mitte trafen und meine blank rasierte Spalte öffneten.

Mike war im Begriff, mir einen Finger in mein feuchtes Loch zu schieben, da unterbrach ihn Conny. »Meinst du nicht, es wäre nun an der Zeit, Lisa und Marco unsere Überraschung zu zeigen? Wie ich sehe, ist Lisa inzwischen so scharf, dass sie es nicht mehr erwarten kann, so richtig durchgevögelt zu werden. Und wir sind auch so weit, nicht wahr, Marco?« Sie schob ihre Hand zwischen ihre Beine und rieb durch die Netzstrümpfe und dem Seidenslip ihre Muschi.

Marco zog zu meinem Bedauern seine göttlichen Hände zurück und grinste. »O ja, ich denke auch, dass wir nun nach nebenan gehen sollten.«

Neugierig geworden, schlüpfte ich schnell wieder in meinen Schuh und folgte Mike und Conny in den angrenzenden Raum. Kaum hatte Conny die Tür geöffnet, entfuhr mir ein Laut der Überraschung. Ich schlug eine Hand vor den Mund. »Das … das ist ja absolut der Hammer!«

Auch Marco riss überrascht die Augen auf, als er die wunderschöne Liebesschaukel sah, die mittig im Raum von der Decke hing.

»Hatte ich doch recht damit, dass euch unsere hübsche kleine Überraschung gefällt, hm?«, grinste Conny und strich mit der Hand über das weiche Leder, das seitlich mit Nieten verziert war. Es sah bequem aus und war so gearbeitet, dass man gut an jede nur erdenkliche Stelle herankam.

»Und wir haben uns gedacht …«, Mike machte eine kleine Pause, bis er sicher war, dass er die Aufmerksamkeit von uns allen hatte, »… dass Lisa die Erste sein darf, die in dieser Schaukel verwöhnt wird. Na?« Er sah mich gespannt an.

»Wow!«, flüsterte ich andächtig und strich ebenfalls über das schwarze Leder. »Es fühlt sich so weich an! Ich darf echt die Erste sein?« Allein bei der Vorstellung, dass ich völlig bewegungslos in der Schaukel lag und die anderen mit mir machen konnten, was sie wollten, machte mich unendlich scharf.

»Na? Auf was wartest du?«, fragte Conny sanft und küsste mich auf den Mund, wobei ihre Zunge kurz über meine Lippen streifte. »Nimm Platz. Aber vorher ziehst du am besten deinen Rock und deine Bluse aus, damit wir dich überall verwöhnen können.«

Ich stieg aus meinem Rock und knöpfte die Bluse auf. Als ich nur noch in Strümpfen und Büstenhalter dastand, trat Mike hinter mich und hakte den BH auf. »Auch den brauchen wir nicht mehr.«

Als ich auf der Schaukel Platz genommen und es mir bequem gemacht hatte, zauberte Conny ein schwarzes Seidentuch hervor und verband mir die Augen. »So«, sagte sie zufrieden. »Nun musst du ausharren und darauf warten, was auf dich zukommt.«

Auf der Schaukel, in halb liegender, halb sitzender Position, nicht wissend, was nun passieren würde, pulsierte meine Muschi vor Erregung.

An den zarten Händen, die nun meine Beine etwas weiter spreizten, erkannte ich, dass es Conny war, die vor mir stand. »Seht nur, ihre Spalte ist schon ganz feucht … wie sie glänzt! Und ihre Knospe ist auch schon geschwollen. Da kann es jemand wohl nicht erwarten«, sagte sie und ihre Stimme klang ganz rau. Sie umkreiste mit ihrer Zunge meinen Kitzler, fuhr mit ihr durch meine Spalte und stieß in mein Loch. Vor Erregung wand ich mich auf dem kühlen Leder, das sich an meinem nackten Arsch so geil anfühlte. So plötzlich, wie sie da war, war die Zunge, die mir herrliche Berührungen geschenkt hatte, auch wieder weg. Ein Protestlaut entrang sich meiner Kehle.

»Ruhig, ganz ruhig ... du wirst schon noch genug bekommen. Wir wollen doch nicht, dass es dir zu schnell kommt, hm?« Das war Marcos Stimme.

Ich zuckte zusammen, als plötzlich warme Tropfen an den verschiedensten Stellen auf meinen Körper fielen. Kräftige Männerhände verteilten sie auf meinen Brüsten, auf meinem Bauch und zwischen meinen Schenkeln. An meinen Brüsten verharrten zwei Hände, kneteten sie sanft und zwirbelten meine Nippel zwischen Daumen und Zeigefinger. Als dann noch eine Zunge meine Nippel liebkoste, sie sanft zwischen die Lippen zogen, stöhnte ich laut auf.

Die Berührungen der vielen Hände auf meinem ganzen Körper, ohne zu wissen, was sie als Nächstes tun würden, war total spannend und reizvoll.

Plötzlich spürte ich ein männliches Glied an meiner Wange, das mich sanft anstupste. Sofort drehte ich den Kopf in die Richtung, öffnete die Lippen und streckte meine Zunge heraus, bereit, den Schwanz in mich aufzunehmen. Doch wer auch immer das war ließ er lediglich zu, dass ich mit meiner Zunge um die Eichel kreisen konnte. Eifrig leckte ich ein paar Liebestropfen ab, fuhr durch die kleine Spalte und schloss meine Lippen um die Eichel. Dann entzog er sich mir wieder.

Warme, zarte Finger zwangen meine Schamlippen auseinander und plötzlich spürte ich etwas kühles Glattes an meinem

Eingang. Ich seufzte auf, als der Dildo in mich eindrang und ich versuchte, mit dem Becken etwas nach vorn zu rutschen, um mehr von ihm zu spüren, doch keine Chance. Ich war Conny hilflos ausgeliefert und als sie ihn mir wieder entzog und an meinem Eingang verharrte, bettelte ich: »Bitte, Conny … das tut so gut! Bitte gib ihn mir wieder …« Ich hörte ein Kichern, dann spürte ich das glatte Teil wieder, wie es langsam in mich hineingeschoben wurde. Als es mich fast ganz ausfüllte, spürte ich Connys Zunge an meinem Kitzler. Sie sog ihn zwischen die Lippen und während sie mit ihrer Zunge darüberschnellte, breitete sich in meinem Unterleib ein süßes Kribbeln aus. Es war wie ein Sog, der mich in die pure Lust hineinkatapultierte. Das Gefühl wurde durch die Hände, die meine Brüste und Nippel massierten noch gesteigert. Ich stieß spitze Schreie aus, wollte mich diesem Gefühl ergeben und mich von meinem beginnenden Orgasmus hinwegtragen lassen, doch plötzlich verschwand der köstliche Dildo. Stattdessen spürte ich ein hartes Glied, das gegen meinen Eingang stieß. Ich war so feucht, dass es mühelos in mich hineinglitt. Ich wurde mit kurzen, harten Stößen gefickt und plötzlich war da wieder eine Zunge, die über meinen Kitzler glitt. Wahnsinn!

Meine Pobacken wurden auseinandergezogen und ein Finger drückte gegen meinen Anus. Er war feucht und durchstieß langsam meinen Muskel. Es war einfach unglaublich! Ein Finger im Po, ein harter Schwanz, der erbarmungslos in meine Muschi stieß, und sanfte, große Hände, die meine Brüste gefühlvoll massierten. Mein Orgasmus überwältigte mich und ich stürzte in eine endlose Tiefe aus Lust, Schreien … ein Zittern durchlief meinen Körper …

Als sich mein Atem etwas beruhigte, wurde das Tuch abgenommen. Vor mir sah ich Marcos lächelnde Augen. Er küsste mich sanft. »Na? Bist du wieder bei uns? Wie wars?«

Noch ganz benommen sah ich mich um. Conny und Mike, der einen gewaltigen Ständer hatte, standen zu meinen Füßen und sahen mich erwartungsvoll an.

»Puh, ihr wart der absolute Wahnsinn!«, seufzte ich zufrieden. »Aber ich habe fast ein schlechtes Gewissen, weil ich die Einzige war, die verwöhnt wurde. Jetzt möchte ich mich revanchieren!«

»Na, dann mal los«, sagte Conny grinsend und griff sich zwischen die Beine. Wann hatte sie sich eigentlich ausgezogen? In meiner Ekstase hatte ich gar nichts mehr wahrgenommen, bis auf die vielen Hände an und in meinem Körper.

Marco half mir aus der Schaukel. Conny und Mike waren schon vorausgegangen und Conny legte sich auf die riesige, weiche Matratze, die auf dem Boden lag. »Nun habe ich einen Wunsch«, sagte sie, spreizte provokant die Beine und rieb über ihren Kitzler. Ihr Loch glänzte feucht und wartete darauf, ausgefüllt zu werden. »Ich möchte heute mal wieder zwei Männerschwänze, wenn das für euch okay ist.« Sie sah fragend in die Runde, aber niemand erhob Einwände. »Lisa, bediene dich ruhig an meinen Utensilien«, sagte sie und wies auf das Regal an der Wand, auf dem unzählige Dildos in allen Größen und Variationen aufgereiht waren. »Sehr gern!«, grinste ich. »Aber erst mal genieße ich es, euch zuzuschauen …«

Ich setzte mich so hin, dass ich alles beobachten konnte. Als ich Connys feucht glänzende Spalte sah, griff ich mir automatisch zwischen die Beine und spielte mit meinem Kitzler.

Mike kniete zwischen Connys Schenkel, hob ihr Becken ein wenig an und leckte ausgiebig und gefühlvoll ihre Klitoris. Seine Zunge glitt durch die Spalte, verharrte kurz an ihrem Loch. Als Conny stöhnte und sich unter Mikes Zärtlichkeiten wand, fackelte dieser nicht lange. Er setzte seinen Schwanz an ihren Eingang und schob ihn bis zum Anschlag hinein. Mit leichten Stößen fickte er seine Frau. Ich beugte mich vor und leckte über Connys pralle Nippel. Aus dem Augenwinkel nahm ich wahr, dass Marco seinen Schwanz massierte. Er war schon fast wieder bereit und er gab mir ein Zeichen, mich zurückzuziehen. Er hielt Conny seinen Schwanz hin und sie nahm ihn sofort tief in ihren Mund auf. Marco stieß immer wieder zu, doch als er richtig hart war, entzog er ihr seinen Steifen.

»Soll ich?«, fragte er Mike.

»Ja, komm her … nicht, dass sie jetzt schon kommt. Das Beste zuletzt!« Er stieß ein raues Lachen aus. »Komm, Schatz … setz dich auf Marco, okay? Ich komme dann von hinten …« Das ließ sich Conny nicht zweimal sagen.

Während die drei ihre Position wechselten, ging ich schnell zum Regal und holte zwei Dildos. Einen schmalen, kleineren und einen vom Umfang her etwas größeren. In meinem Unterleib kribbelte es nämlich schon wieder gewaltig. Ich lehnte mich in einem bequemen Ledersessel zurück und spreizte die Beine. Alles, was die zwei Männer nun mit Conny anstellten, würde ich mit den zwei Dildos machen …

Marco hatte sich auf die Matratze gelegt und Conny kniete breitbeinig über ihm. Als sie sich langsam auf ihn niederließ und seinen Schwanz in sich aufnahm, nahm sie ihre Knospe zwischen Daumen und Zeigefinger, und drückte und zog an ihr. Die Augen geschlossen, den Mund halb geöffnet, war sie schon bald in ihren Ritt vertieft.

Es sah so geil aus zuzusehen, wie Marcos Schwanz in ihrer Muschi verschwand, dass ich rasch den Dildo in mich hineingleiten ließ. Auch ich bearbeitete meine Lustperle. Als ich sah, dass Mike nun Connys Arschbacken auseinanderzog und mit seinem angefeuchteten Finger gegen ihren Anus drückte, griff ich nach dem kleineren Dildo. Ich brachte ihn zwischen meinen Pobacken in Stellung, hielt mit meiner Hand den Druck, sodass er langsam meinen Schließmuskel durchdrang.

Mike entzog Conny den Finger und sagte rau: »Jetzt halt mal still, nun kriegst du zwei Schwänze. Entspann dich, Schatz ...« Er nahm seinen Schwanz und drückte ihn gegen ihren Pomuskel. Marco bewegte sich sachte und langsam, während Connys Finger um ihren Kitzler schnellten. »O ja ... o Gott, du bist so groß!«, stieß sie hervor. Nachdem seine Eichel ihren Anus passiert hatte, schob Mike seinen Schwanz behutsam ein bisschen weiter in ihren Arsch.

Genauso langsam führte ich den Dildo in meinen Po ein. Der größere Dildo war durch den Druck und die Anspannung meiner Muskeln fast aus meiner Muschi herausgerutscht, doch ich drückte ihn schnell wieder bis zum Anschlag hinein. Wow! Es war so geil, wie Mike seinen Schwanz immer tiefer in Connys Po hineindrückte. Sie wackelte mit dem Arsch, hatte sich an das Gefühl des harten Schwanzes in ihr gewöhnt. Als Mike sich zurückzog, stieß Marco von unten zu und rammte ihr seinen Pfahl tief in die Möse. Die zwei Männer fanden nun ihren Rhythmus, während Conny ihre Lust laut hinausschrie. Ich konnte sehen, dass es nicht mehr lange dauern würde, und bearbeitete meine Muschi und meinen Kitzler nun auch schneller. Abwechselnd schob ich mir die beiden Dildos in meine Körperöffnungen. Ich schloss die Augen und genoss dieses unglaubliche Feeling. Mein Kitzler begann zu vibrieren, mein Unterleib kribbelte ... Ich biss mir auf die Lippen, um einen Schrei zu unterdrücken, als ich schon wieder kam. Während die heißen Wogen über mir zusammenschlugen, hörte ich Conny schreien und einen erstickten Ausruf eines der Männer ...

Als ich die Augen wieder öffnete, sah ich, wie Mike auf Connys Pobacken abspritzte. Conny lag halb zusammengesackt auf Marco, der sie fest an den Hüften gepackt hatte und den letzten Rest seines Samens in sie hineinpumpte.

Als das Keuchen verebbt war, löste sich Conny von Marco. Sie war ein wenig wackelig auf den Beinen, als sie aufstand. Ihr Körper glänzte vor Schweiß und sie sah mit den geröteten Wangen unglaublich sexy aus. Ich hatte die Dildos zur Seite gelegt und ging nun zu Conny. Ihre Haare hingen ihr wirr ins Gesicht, ich strich sie zärtlich beiseite und küsste sie auf den Mund. Ihre Lippen öffneten sich und unsere Zungen fanden einander. Unser zärtlicher Kuss dauerte lange und als sie sich von mir zurückzog, lächelte sie mich an. »Wow! Das war nun mal so richtig geil!«, sagte sie zufrieden.

Marco und Mike nickten und sahen sich an. »Das war Spitzenklasse, Mädels!«

Erst morgens um vier Uhr verabschiedeten wir uns von Conny und Mike, und wir waren uns alle einig, dass dies ein richtig gelungener Abend gewesen war …

Prickelnde Überraschung – Sex auf Bestellung

Eigentlich war ich immer der Meinung gewesen, ich hätte den beschissensten Job dieser Welt. Seit ich mein Jurastudium abgeschlossen hatte, fuhr ich für ein großes Tiefkühlunternehmen Tag für Tag tiefgefrorene Erbsen, Pommes, Fisch und all den Kram aus, weil ich noch keine Anstellung in einer Anwaltskanzlei gefunden hatte. Ich machte diesen Job zwar erst ein knappes halbes Jahr lang, aber gefühlt waren es für mich Jahre. Immer das Gleiche. Tag ein, Tag aus. Meine Finger waren bereits rissig von all den gefrorenen Packungen. Dass aber genau dieser Job mir eine richtig geile Überraschung bescheren sollte, konnte ich ja nicht ahnen.

Es war ein Tag wie jeder andere. Zu einer Uhrzeit, zu der normal Arbeitende bereits zu Hause waren, war für mich noch lange nicht Schluss. Ich warf einen genervten Blick auf mein Handy. 18.00 Uhr. Erst! Da viele meiner Kunden arbeiteten, erreichte ich sie meist erst am Abend. Ein Blick auf die Ladefläche zeigte mir, dass ich es wahrscheinlich wieder einmal nicht vor zwanzig Uhr schaffen würde. Die Dame, deren Bestellung ich jetzt unter den Arm klemmte, hatte jede Menge bestellt, sagte mir das Gewicht der Box. Meine Laune sank weiter, als ich erkannte, dass dieses Mietshaus keinen Aufzug hatte und besagte Dame im sechsten Stock wohnte. Mann, war ich genervt! Hätte ich einen gescheiten Job gefunden, würde ich jetzt vor dem Fernseher sitzen und hätte die Füße hochgelegt.

Meine Laune besserte sich jedoch schlagartig, als ich auf den Klingelknopf neben dem Namensschild mit einem unaussprechlichen Namen gedrückt hatte und mir eine Frau die Tür öffnete, deren Anblick augenblicklich meinen Mund trocken werden ließ. Eine Figur zum Niederknien, lange schlanke Beine, ein herzförmiges Gesicht, das von schulterlangen blonden Haaren eingerahmt war. Wow!

»Ihre Bestellung, Frau …«, der Name wollte mir ums Verrecken nicht mehr einfallen.

Sie lächelte und sagte: »Sagen Sie doch einfach Lissy zu mir, das kommt von Elisabeth. Meinen Nachnamen können nur die wenigsten Menschen aussprechen. Bitte stellen Sie die Box doch auf dem Küchentisch ab, ich werde die Ware gleich einräumen.« Sie zeigte auf die Küche, ging voraus und ich folgte ihr, den Blick auf ihren knackigen Hintern geheftet.

Ich wuchtete die Box auf den Tisch und während sie begann, die eisgekühlten Waren in die Gefrierfächer des riesigen Kühlschranks einzuräumen, sagte ich: »Ich bräuchte hier noch Ihre Unterschrift, Frau … äh … Lissy.« Es war seltsam, eine wildfremde Frau beim Vornamen zu nennen, doch sie lächelte und schenkte mir einen tiefen Blick, bei dem mir heiß und kalt zugleich wurde.

»Oh nein …«, sie schlug sich mit der Hand gegen die Stirn. »Ich hab was vergessen … ich brauche noch zwei Packungen Pommes!« Sie sah mich zerknirscht an, was total süß aussah. »Tut mir leid, ich weiß … die vielen Treppen …«

Ich schluckte meinen Ärger hinunter. Bei jedem anderen Kunden wäre ich innerlich ausgerastet, doch bei ihr … na ja … für dieses Lächeln würde ich einfach alles machen!

Ich nahm die leere Box und machte mich auf den Weg nach unten.

Auf dem Weg zurück froren meine Hände wegen der Pommes fast ein. In der vierten Etage brauchte ich eine kurze Pause. Mein Atem ging stoßweise und ich beschloss, es mit dem Fitnesstraining mal wieder etwas ernster zu nehmen. Meine Muskeln konnten eine Auffrischung durchaus vertragen.

Die Tür stand offen, als ich oben ankam, doch von Lissy fehlte jede Spur. »Hallo?«, rief ich. »Ich habe Ihre Pommes dabei! Haben Sie den Empfang schon quittiert?«

»Legen Sie sie bitte auf den Tisch, ich bin gleich bei Ihnen«, rief sie aus einem der Zimmer.

Ich tat, wie mir geheißen und wartete. Und wartete …

Langsam wurde ich ungeduldig. Wo blieb sie nur? Ich musste weiter, die anderen Kunden warteten bereits und irgendwann – Lissy hin, Lissy her – wollte ich auch mal Feierabend haben.

Ich hörte, wie eine Tür zuschlug, und drehte den Kopf in Richtung Flur. Was ich nun sah, ließ meine Kinnlade hinunterklappen. Ich fühlte mich, als wäre ich in einem schlechten, allerdings verdammt geilen, Film gelandet.

Lissy stand vor mir, nur in Dessous gekleidet. Wunderschöne Dessous! Türkisfarbene, hauchzarte Spitze, die fast nichts verhüllte, zierte ihren schmalen, wohlgeformten Körper. Ein silbernes Fußkettchen schlang sich um ihre rechte Fessel. Die Haut war in einem sanften Goldton gebräunt und ein kleines Tattoo, ein dreidimensionaler Schmetterling, der aussah, als wolle er jeden Moment davonflattern, war unterhalb ihres Schlüsselbeins zu sehen. Wow, wow, wow!!!

Mein Mund war staubtrocken und ich hatte keine Ahnung, wie ich reagieren sollte. Ich hatte einmal einen schlechten Pornofilm gesehen, in dem der Postbote klingelte und die Dame des Hauses sofort über ihn herfiel. Aber das war ein

Film gewesen. Hier stand eine wunderschöne Frau in einem Hauch von Nichts vor mir! In echt! Selbst meine Gedanken stammelten nur unnützes, unzusammenhängendes Zeug …

Sie lächelte mich an. »Na? Hat es dir die Sprache verschlagen? Oder bin ich so hässlich, dass du nichts anderes möchtest, als schnellstmöglich zu verschwinden?«

Ich schüttelte heftig den Kopf. »Nein … nein, das ist es nicht. Aber …«, stotterte ich.

»Aber was?« Sie kam näher und wiegte aufreizend mit den Hüften. Nun war sie so nahe, dass ich ihren Atem spüren konnte, der leicht nach Kaugummi roch. Ein unaufdringliches Parfum benebelte meine Sinne.

Lissy legte ihre Hände auf meine Brust und sie gab mir einen sanften Kuss auf den Mund. »Was hältst du davon, wenn du mal dein T-Shirt ausziehst?«

»Ich … ich bin ganz verschwitzt«, sagte ich und betete innerlich, dass ich nicht allzu sehr nach Schweiß roch.

»Das ist mir völlig egal«, schnurrte sie. »Ich stehe auf verschwitzte Männer mit Muskeln.« Sie zeichnete mit ihren Fingern meinen Bizeps nach und mir wurde heiß. So heiß, dass ich mir das Shirt förmlich vom Leib riss. Mit nacktem Oberkörper stand ich nun vor ihr.

»Hab ichs mir doch gedacht …«, murmelte sie rau und strich mit den Händen über meine glatte Brust. Meine Brustwarzen wurden unter ihren Berührungen sofort hart. Auch eine Etage tiefer regte sich etwas. Ob ich wollte oder nicht, ich wurde so richtig scharf. Die wenigen Berührungen hatten ausgereicht, um mein Verlangen zu entfachen. Schon lange war es her, dass ich mit einer Frau Sex gehabt hatte, auch wenn es nicht daran lag, dass ich keine Gelegenheit dazu gehabt hätte, aber die Trennung von meiner Ex war noch nicht so lange her, dass ich eine andere Frau in mein Herz gelassen hätte – und für einen One Night Stand war ich einfach nicht der Typ. Aber hier könnte ich glatt eine Ausnahme machen.

»Was hast du dir gedacht?«, fragte ich verwirrt.

»Dass darunter nichts als Muskeln und ein Sixpack ist …« Sie beugte sich ein wenig hinunter und ihre Zunge strich zärtlich über meine Brustwarzen.

Ich stöhnte leicht auf. »O Gott … bist du sicher, dass du …« Ich beendete meinen Satz nicht.

»Aber klar bin ich mir sicher …« Sie kicherte leise.

»Und ich muss keine Angst haben, dass plötzlich dein Mann hier aufkreuzt und mich nach Strich und Faden vermöbelt? Ooohhh …«, stöhnte ich auf, als ihre Hand sich um die Beule in meiner Jeans legte und sie sanft knetete.

»Keine Sorge, ich bin nicht verheiratet«, sagte sie und verschloss meinen Mund mit ihren Lippen. Ihre Zunge fand flink den Weg und spielte mit meiner. Ein Schauer rann mir über den Rücken.

Nun wollte ich mich nicht länger mit zarten Küssen zufriedengeben, ich musste sie endlich spüren. Ich strich über ihre seidige Haut, tastete nach ihrem Büstenhalter und legte ihre kleinen, festen Brüste frei. Ich beugte mich hinunter, umkreiste mit der Zunge ihre Warzen und zog sie sanft in meinen Mund, als sie hart waren. Lissy bog den Rücken durch und streckte sich mir entgegen. Meine Hand tastete sich weiter nach unten, fand das seidige Dreieck noch verhüllt von der zarten Spitze. Ich schob meine Hand unter den Bund des Höschens, fand ihre Spalte, die Hitze verströmte. Mit den Fingern schob ich die Schamlippen auseinander und bemerkte, wie feucht sie bereits war. Ich tastete mit den Fingern weiter … und erstarrte. Ich fühlte ein Bändchen oder eine Schnur und zog hastig meine Hand zurück.

»Hast du deine …?«, fragte ich ernüchtert und unterbrach auch mein Zungenspiel an ihren Nippeln. Mein Steifer, den

Lissy inzwischen aus seinem Gefängnis befreit und geknetet hatte, war im Begriff zu schrumpfen.

Lissy lachte perlend. »Nein, mein Süßer, du bist da auf etwas gestoßen, das du dir vielleicht einmal genauer anschauen solltest.«

Immer noch perplex fasste ich sie um die Taille und setzte sie vor mir auf den Küchentisch. Sie hob ihren Hintern an und ich zog ihr das Höschen aus. Als ich ihre Schamlippen spreizte, dauerte es dennoch noch einen Moment, bis ich kapiert hatte, was ich da sah. Keine meiner Liebschaften oder Freundinnen trugen Liebeskugeln, deshalb war das etwas völlig Neues für mich.

»Zieh mal dran!«, forderte sie mich kokett auf.

Als ich an dem Bändchen zog und sah, wie eine Kugel aus ihrer Liebeshöhle ans Tageslicht drang, regte sich mein Schwanz heftig. Es war einfach geil anzusehen, wie auch die zweite Kugel unter meinem Zug herausflutschte. Nach der zweiten Kugel klaffte ihre Möse ein wenig auf, sodass ich mit Leichtigkeit mit meinen Fingern eindringen konnte. Lissy stöhnte laut auf.

»O bitte … ich will jetzt deinen harten Pfahl in mir spüren!«, seufzte sie, griff hinter sich, und reichte mir ein Kondom, das ich ganz übersehen hatte. Ungeduldig riss ich die Packung auf und rollte es über meinen Schwanz.

Allein bei dem Anblick dieser tollen Frau, die vor mir mit weit gespreizten Beinen auf dem Tisch saß, hätte ich abspritzen können. Und trotzdem beherrschte ich mich, drang nur mit meiner Eichel in sie und ignorierte ihr Flehen, ihn ihr ganz zu geben. Inzwischen hatte Lissy sich zurückgelehnt, stützte sich mit einer Hand ab, während sie mit der anderen wild ihren Kitzler reizte. »O ja … o Gott, ich will dich ganz!«, stieß sie hervor.

Ich nahm meinen harten Schwanz in die Hand und führte ihn unter sanftem Druck ganz langsam in ihre Höhle ein. Immer weiter, bis ich gänzlich in ihr war. Mit leichten Stößen fickte ich sie und bald wurden ihre spitzen Schreie lauter. Ich biss mir auf die Lippen, um nicht zu früh zu kommen.

»Ich komme gleich! O ja, gibs mir härter! Fester!«, schrie Lissy.

Als ich spürte, wie ihre Muskeln sich zusammenzogen, zog ich meinen Schwanz bis zur Eichel heraus und rammte ihn ihr in die Möse. Wieder und immer wieder. Nur ein paar Stöße hielt ich noch durch, dann durchströmte mich dieses Gefühl, das mich fast in den Wahnsinn trieb. Mein Samen schoss aus mir heraus und mit jedem Stoß verkrampften sich meine Muskeln. Ich hatte Lissy fest an der Hüfte gepackt und fickte sie, bis ich schließlich erschöpft über ihr zusammenbrach.

»O mein Gott, war das geil!«, japste sie, schlang ihre Beine fest um meine Hüften und verhinderte, dass ich mich ohne ihre Erlaubnis aus ihr zurückzog. »Bleib in mir, ich spüre, wie dein Schwanz pulsiert, das ist echt der Hammer!«

Doch irgendwann erschlaffte mein bestes Stück und auch Lissy musste einsehen, dass es nun vorbei war. Sie entließ mich aus ihrer Umklammerung.

Ein bisschen verlegen entfernte ich das Kondom, zog meine Hose hoch und schloss den Reißverschluss. Lissy schien kein bisschen verlegen zu sein, sie hüpfte mit einer Leichtigkeit vom Tisch, angelte nach ihrem Höschen und zog es an, als wäre nichts gewesen.

»Du warst echt klasse«, sagte sie. »Vielleicht bestelle ich wieder mal etwas …«

Ich verabschiedete mich mit einem Kuss und lief leichtfüßig die vielen Treppen hinunter. Bei meinem Fahrzeug angekommen, warf ich einen Blick auf die Uhr und erschrak. Schon so spät? Und noch vier Kunden auf der Liste? Nach diesem geilen Erlebnis? Ich nahm meine Kundenliste und machte Häkchen hinter die noch offenen Kunden. ›Empfänger nicht erreichbar‹, schrieb ich dahinter, setzte mich hinters Steuer und fuhr nach Hause, um das Erlebte bei einem Bierchen noch einmal Revue passieren zu lassen …

Erotischer Morgen – Heisser Start in den Tag

Wow! Das war ein heftiger Fick heute Morgen!
Als ich unter der Dusche stand und das heiße Wasser auf meinen Körper prasselte, wurde ich schon wieder scharf …

Oft war ich es, die in unserer Ehe den Ton angab, was unser Sexleben anbetraf. Als der Wecker um halb sechs klingelte, gähnte Pascal und streckte sich. »Mist!«, murmelte er, drückte die Schlummertaste und machte Anstalten, sich noch einmal umzudrehen. Ich war mal wieder seit fünf Uhr wach, länger konnte ich selten schlafen. Doch meistens genoss ich diese Zeit, in der ich einfach meinen Gedanken nachhing und nicht selten glitten meine Gedanken in erotische Tagträume ab, sodass ich bereits scharf war, wenn Pascal schlaftrunken und fluchend den Wecker malträtierte.

So war es auch an diesem Morgen. Während Pascal noch leise vor sich hin schnarchte, wanderten meine Finger zwischen meine Beine und schoben den Slip zur Seite. Ich streichelte meine Liebesperle, hielt mit zwei Fingern meine Schamlippen auseinander und fuhr mit dem Mittelfinger durch meine Spalte, die bereits feucht war. Ich befeuchtete meinen Finger mit meinem Saft und verteilte diesen auf meinem Kitzler. Kurz drückte ich meine Schamlippen zusammen, während mein Mittelfinger auf meinem Kitzler ruhte. Dadurch wurde meine Perle etwas nach oben gedrückt. Mein Finger schnellte über meine Lustperle. Mein Atem ging schneller. Am liebsten hätte ich mir jetzt den Finger oder auch zwei eingeführt, doch in dem Moment klingelte der Wecker.

Als Pascal sich schlaftrunken auf die Seite rollte und sich die Decke über die Ohren zog, rutschte ich zu ihm hinüber und streichelte sanft über seinen Rücken. Meine Hand wanderte hoch, massierte seinen Nacken. Meine Finger, die noch nach mir rochen, wuschelten durch seinen dunklen Schopf. Als keine Reaktion kam, strich ich über Pascals muskulösen Oberarm. Ich musste mich ein wenig strecken, um an seinen flachen Bauch zu kommen. Er hatte die Angewohnheit nackt zu schlafen, was mir nun sehr entgegenkam. Meine Hand ertastete seinen schlaffen Schwanz. Ich rieb ein wenig darüber, streichelte über die Eichel und nahm die Hoden in die Hand, und drückte sie sanft.

»Mmh …«, murmelte Pascal im Halbschlaf. Ich machte weiter und spürte, dass sein Schwanz sich regte. Er wuchs. Nicht viel, aber er wurde größer. Ob Pascal nun wollte oder nicht. Endlich nahm er wahr, was ich da tat.

»Schatz, weißt du eigentlich, wie früh es ist?«, sagte er schlaftrunken und versuchte sich auf den Bauch zu drehen, um meiner tastenden Hand zu entgehen.

»Früh genug, um …«, flüsterte ich in sein Ohr. »Na komm schon, dein Kleiner will doch auch!«

»Der will gar nix. Schlafen will er, sonst nichts.«

»Das sehe ich aber anders«, sagte ich, packte Pascal an der Schulter und drehte ihn auf den Rücken. Endlich machte er seine Augen auf.

»Du bist unersättlich, weißt du das?«, meinte er vorwurfsvoll.

»Hm … da erzählst du mir nichts Neues.« Ich grinste und schob mich unter die Decke. Ganz sanft leckte ich über Pascals Eichel, fuhr mit der Zunge über die weiche Haut seines Schaftes, und nahm seine Hoden abwechselnd in den Mund

und saugte an ihnen, während meine Hand auf und ab fuhr. Nun war sein Schwanz fast zu voller Größe angeschwollen. Ich nahm ihn tief in meinen Mund auf, ließ meine Zunge um seinen Schaft und seine Eichel schnellen. Schon bald merkte ich, dass Pascal sich meinem Mund entgegendrängte. ›Na also, geht doch‹, dachte ich zufrieden.

Als sein Schwanz sich zu voller Größe aufgerichtet hatte, zögerte ich nicht, denn schließlich war ich so richtig scharf und hatte schon die ganze Zeit eine Hand zwischen meinen Beinen gehabt, mit der ich an meinem Kitzler spielte. Ich schlug die Bettdecke zur Seite und setzte mich schnell auf das erigierte Glied. Ich war so feucht, dass die Eichel leicht in mich hineinglitt. Langsam und aufreizend ließ ich Pascals Schwengel bis zum Anschlag in meine Muschi gleiten. Meine Finger schnellten um meinen Kitzler. Pascal stöhnte auf, als ich mit meinem wilden Ritt begann. Er umschloss meine Brüste, strich mit den Fingerkuppen über die harten Warzen, und trieb seinen Schwanz in mich hinein. Ich ließ mein Becken kreisen, verharrte kurz still, beugte mich vor und küsste Pascal. Seine Zunge wand sich um meine, unser Rhythmus hatte sich verlangsamt. Ich spürte das Pochen seines Schwanzes tief in mir und wusste, dass er kurz davor war zu kommen.

Ich lehnte mich zurück, sodass Pascals Steifer gegen meinen G-Punkt stieß. Wahnsinn! Es kribbelte in meinem Innersten, meine Finger rieben meinen Kitzler. Ich ließ Pascals Schwanz fast gänzlich aus mir herausgleiten, setzte mich auf und ließ mich mit einem Ruck wieder auf ihm nieder. So tief es möglich war, stieß er seinen Schwanz in mich, packte meine Hüften, und stieß zu, so fest er konnte.

Ich schrie auf. Das Kribbeln in meinem Inneren wurde zu einer Explosion, die mich gnadenlos mit sich riss. Ich ritt seinen Schwanz wild, wollte meinen Orgasmus so lange wie möglich auskosten. Plötzlich bäumte sich Pascal auf, seine Hände verkrampften sich und gruben sich in mein Fleisch. Er hielt ganz still, während sein Saft in mich hineinschoss. Ich spürte das Pulsieren seines harten Schwanzes, hörte, wie er den angehaltenen Atem ausstieß.

»Gott!«, stöhnte er. Seine Hände lockerten ihren eisernen Griff. Ein dünnes Rinnsal Schweiß lief ihm an den Schläfen bis in die Haare.

Ich beugte mich vor, küsste ihn und sagte: »So kann der Tag doch beginnen, oder?«

»Da hast du recht«, sagte er grinsend und gab mir einen Klaps auf den Po. »Aber jetzt muss ich mich beeilen, sonst komme ich zu spät zur Arbeit …«

Das heiße Wasser spülte das Duschgel von meinem Körper und verschwand gurgelnd im Abfluss. Ich stellte die Dusche ab und griff nach meinem flauschigen Badetuch. Nachdem ich mich sorgfältig abgetrocknet hatte, schraubte ich den Behälter mit dem Kokosöl auf, den ich auf der Heizung abgestellt hatte, damit das Öl schön flüssig wurde. Ich liebte Kokosöl! Den Duft, wie samtig meine Haut nach dem Einölen war …

Ich begann an den Füßen, den Waden und Oberschenkeln, verteilte das duftende Öl über meinem ganzen Körper. Mit meinen glitschigen Händen fuhr ich die Innenseite meiner Schenkel entlang, bis ich an meiner Muschi angekommen war. Der Gedanke an meinen gigantischen Orgasmus vorhin ließ mich schneller atmen. Ich drückte meine Schamlippen mehrmals hintereinander zusammen, öffnete sie, und fuhr mit meinen vom Öl getränkten Fingern über meinen geschwollenen Kitzler. Einen Finger führte ich in meine Muschi ein, gleich darauf einen zweiten. O ja, das fühlte sich so gut an! Ich wollte mehr …

Schnell kramte ich in der Schublade meines Badezimmerschränkchens, bis ich fand, was ich suchte. Meinen Lieblingsdildo. Er war nicht sehr groß, dafür bestand er aus einem vorderen Teil, ungefähr fünf Zentimeter im Durchmesser, und einem hinteren, kleineren Teil, mit dem ich mich gleichzeitig anal befriedigen konnte. Ich liebte das Gefühl, wenn ich vorne ausgefüllt war und mein Anus von einem fingerdicken Teil durchstoßen wurde …

Ich nahm mit dem Finger noch einmal etwas Öl auf und rieb meine Rosette damit ein, damit sie schön glitschig wurde. Ein Bein hatte ich auf den Badewannenrand gestellt, damit ich überall gut rankam, dann spreizte ich meine Schamlippen und ließ mit sanftem Druck den Dildo in meine Muschi gleiten. Ah … das tat so gut, ich musste höllisch aufpassen, dass ich nicht zu früh kam, denn ich war immer noch aufgeheizt von meinem heißen Fick mit Pascal. Als der kleinere, hintere Teil des Dildos meinen Anus berührte, entspannte ich meinen Muskel, um das Eindringen zu erleichtern. Ich musste etwas mehr Druck ausüben, doch dann glitt auch der kleine Dildo in meinen Po. Langsam führte ich beide tiefer in mich ein, bis ich vorne und hinten damit ausgefüllt war. Meine Hand drückte dagegen, um zu verhindern, dass der Dildo aus mir herausrutschte. Um eine Hand frei zu haben, lehnte ich mich gegen die Duschwand, so konnte ich mit der freien Hand meine Klitoris bearbeiten. Mein Gott, war das ein herrliches Gefühl!

Langsam ließ ich beide Dildos wieder aus mir herausgleiten, doch kurz bevor sie ganz aus mir herausrutschten, übte ich wieder sanften Druck aus. Lange hielt ich das langsame Tempo jedoch nicht aus. Ich war so geil, meine Muschi kribbelte ganz tief in mir, mein Bauch zog sich zusammen, und so wurden meine Bewegungen automatisch hektischer. Meine Finger schnellten um meinen Kitzler und ich trieb den Dildo immer wieder in meine Möse und in meinen Anus.

Bis ich explodierte. Mein Orgasmus kam in heißen Wellen über mich, mein Atem ging schnell …

Als ich wieder zu mir kam, behielt ich den Dildo ganz tief in mir und streichelte sanft meinen Kitzler, genoss das letzte Zucken und das Gefühl, zutiefst befriedigt zu sein.

In dem großen Spiegel sah ich, wie erhitzt meine Wangen waren, wie meine Augen glänzten. Ich musste lächeln, als ich an Pascals Aussage von vorhin dachte: »Du bist echt unersättlich …« Ja, dachte ich, da hast du so was von recht! Und wer weiß, vielleicht treibe ich es heute Abend noch einmal mit dir …

Wilde Flittertage - Feuchtes Verlangen

»Denkst du auch so oft an unsere Urlaube, besonders unsere Flitterwochen, am Bodensee?«, flüsterte mein Mann Chris und leckte mit seiner Zungenspitze an meinem Ohrläppchen entlang, während er eine meiner dunkelbraunen Locken spielerisch zwischen seinen Fingern durchgleiten ließ.

Lächelnd nickte ich und in mir breitete sich ein prickelndes Gefühl aus. »Na klar! Wie könnte ich das vergessen! Damals … meine Güte, wir waren so scharf aufeinander, dass wir es quasi überall getrieben haben.« Ich gab Chris einen Kuss. Er fuhr mit der Zungenspitze die Konturen meiner Oberlippe nach, mein Herz schlug schneller und mein Schoß stand in Flammen. Heute würden wir eindeutig wieder einmal Sex haben. Nicht so ungestüm wie damals am Bodensee, doch immer noch liebten wir uns leidenschaftlich. Wenn auch nicht mehr so häufig wie früher, doch das war durchaus normal, nach über zwanzig Jahren Ehe.

Damals, zu unseren ›wilden‹ Zeiten, wie wir sie nannten, waren wir jung, frisch verheiratet, hatten kein Geld, und deshalb mussten unsere Urlaube billig sein. Daher bot sich der Bodensee als Urlaubsort an.

***

Aus dem Grund mieteten wir für vier Tage ein Zimmer in der billigsten Pension, die wir in Meersburg finden konnten, nicht ahnend, auf was wir uns da eingelassen hatten …

Die kleine Pension lag natürlich nicht in der Nähe der Uferpromenade, sondern ganz oben in der Oberstadt, was bedeutete, dass wir jedes Mal, wenn wir an den See wollten, eine beträchtliche Strecke zu Fuß zurücklegen mussten. Doch wir waren jung, es war unser erster gemeinsamer Urlaub, wir liebten uns, und deshalb nahmen wir auch die vom Alter gebeugte, missgelaunte Pensionswirtin mit Humor.

»Zimmer neun, Treppe hoch, links. Frühstück von acht bis zehn. Seien Sie pünktlich, sonst gibts nix mehr«, brummelte sie, ohne uns anzusehen, und knallte den Schlüssel auf den Tresen. Ohne ein weiteres Wort drehte sie sich um und schlurfte davon.

Chris und ich sahen uns an, ich gluckste und schlug die Hand vor den Mund, um nicht laut loszulachen. Chris nahm unsere Reisetasche und stieg die knarrende, alte Stiege empor. Vor unserem Zimmer angekommen, schloss er die Tür mit dem Schlüssel, der an einem Anhänger befestigt war, der eher dazu geeignet war, jemandem den Schädel einzuschlagen, auf, und trat ein.

»Das glaub ich jetzt nicht«, flüsterte ich, »dass es so was überhaupt noch gibt!«

Ungläubig versuchte ich, das Bild, das sich uns bot, zu erfassen. Eine alte Kommode an der einen Wand, auf der kleine Häkeldeckchen lagen, ein Kleiderschrank, an dem eine Tür schief in den Angeln hing, an der gegenüberliegenden Wand, und das dunkelbraune Bett aus Holz mit gedrechselten Pfosten; die geblümte Bettwäsche sah aus, als würde sie die nächste Wäsche nicht überleben. Ein riesiges Bild, auf dem zwei Engel zu sehen waren, die aus den Wolken auf die Jungfrau Maria mit dem Jesuskind, herabblickten, hing über dem Bett. Doch die Dusche setzte dem Ganzen die Krone auf: Sie war nachträglich eingebaut worden, stand in der rechten Ecke des Zimmers, und – man glaubt es nicht – man musste das Wasser, das sich während des Duschens in der hohen Duschwanne sammelte, über einen Schalter abpumpen!

Ich warf mich rücklings auf das Bett, das schon unter meinem leichten Gewicht ächzte, und brach in lautes Gelächter aus. »Jetzt wissen wir wenigstens, warum wir hier so kurzfristig und vor allem so billig noch ein Zimmer bekommen haben«, japste ich und wischte mir die Lachtränen aus den Augen.

Chris, der endlich wieder seine Sprache gefunden hatte, ließ sich neben mir auf das Bett fallen und dieses Mal hatte ich ernsthaft Sorgen, ob das Bett nicht bei der kleinsten Bewegung in sich zusammenkrachen würde. Chris blickte hoch zu den Engeln, die nun über uns wachten. »Großer Gott! Wie soll man hierbei an Sex denken?« Er umfasste mit einer Handbewegung das gesamte Zimmer.

»Keine Ahnung …«, ich kicherte und drehte mich zu ihm um. »Aber ich werde mir jede erdenkliche Mühe geben.«

Mein Finger wanderte von seinem Gesicht über seinen Hals entlang bis zu seiner muskulösen Brust. Durch den dünnen Stoff seines T-Shirts fand ich die Brustwarzen, die sich bei meinen Berührungen gleich verhärteten.

»Siehst du? Geht doch!«, flüsterte ich ihm zufrieden ins Ohr und küsste ihn zärtlich auf den Mund. Als meine Zunge fordernd seine Lippen öffnete, schloss Chris mit einem Seufzer die Augen, und seine Zunge erwiderte das Spiel der meinen. Wir hielten uns nicht lange mit dem Vorspiel auf. Ich öffnete seine Hose, befreite seinen schon fast harten Schwanz aus seinem Gefängnis und nahm ihn tief in den Mund auf. Mit der Zungenspitze umspielte ich die Eichel und saugte ausgiebig daran, bis sein Schaft richtig hart war.

Ein kurzer Protestlaut entfuhr Chris, als ich mein Spiel unterbrach und schnell aus meinen Shorts samt Höschen schlüpfte und mein Top über den Kopf zog.

»Immer mit der Ruhe«, raunte ich. »Dein Großer darf gleich in meine Muschi …« Ich kniete mich über ihn, spreizte meine Schamlippen und setzte seinen Schwanz an meinen Eingang. Ich war schon feucht, doch trotzdem ließ ich mich sehr langsam auf ihn nieder, genoss jeden Zentimeter, den sein Pfahl in mich hineinglitt. Als ich ihn ganz in mir aufgenommen hatte, begann ich meinen wilden Ritt. Meine Finger spielten mit meinem Kitzler, reizten ihn bis zum Bersten. Ich warf den Kopf zurück, meine Brüste wippten auf und ab. Chris massierte meine Nippel mit seinen gefühlvollen Händen. Als ich einmal kurz innehielt, konnte ich das Pochen seines Schwengels in mir spüren. Aufreizend langsam bewegte ich mich hoch und nieder, kreiste mit dem Becken, bis ich es nicht mehr aushielt. Mein Orgasmus überwältigte mich. Mein Innerstes zog sich wellenförmig zusammen, pulsierte, riss mich mit. Chris' Hände packten meine Hüften fester, er wölbte sich mir entgegen und hieb seinen Schwanz tief in meine Muschi, bis auch er kam. Sein unterdrücktes Stöhnen glich einem animalischen Knurren. Chris' Schwanz pumpte sein Sperma in mich hinein, zuckte und schließlich blieb er ganz still in mir, bis er erschlaffte.

»Puh!«, stöhnte ich und strich mir eine verschwitzte Haarsträhne aus der Stirn. »Das war mal richtig gut, hm? Trotz der Engel …« Ich kicherte und gab Chris einen Kuss.

Ohne auf seinen Protest zu achten, stieg ich von ihm herunter. Mit wackeligen Beinen ging ich zur Dusche. »So, mal sehen, wie das Ding funktioniert«, sagte ich. »Das sieht ja abenteuerlich aus!« Die Kunststofftür, die vom jahrelangen Kalk ganz milchig weiß war, öffnete sich mit einem lauten Quietschen. Ich drehte am Hahn und testete erst mit der Hand die Wassertemperatur. Man konnte nie wissen, ob das Wasser eiskalt oder brühend heiß war. Hier war Ersteres der

Fall. Ich wartete, doch das Wasser wurde nicht wesentlich wärmer. Na toll! Mutig biss ich die Zähne zusammen und stellte mich unter den schwachen Wasserstrahl. »Brrr … ist das kalt!«, kreischte ich. Chris, der Mistkerl, lachte laut auf. »Stell dich nicht so an! So schlimm wirds schon nicht sein«, meinte er.

Als ich die Dusche verließ, versuchte er sein Glück. »Denk dran, das Ding nachher abzupumpen, sonst haben wir hier bald eine Überschwemmung«, sagte ich.

Als ich kurz darauf einen Schrei hörte, prustete ich los vor Lachen. »Glaubst du mir jetzt, dass das Wasser kalt ist?«

»Scheiße! Hier holt man sich ja Frostbeulen!«, japste Chris. Doch er hielt tapfer durch und duschte zu Ende. Danach betätigte er den Schalter zum Abpumpen. Das Ding erwachte mit einem Rumpeln zum Leben und verursachte einen Höllenlärm.

»Jesus, Maria und Josef! Was machen wir, wenn wir nachts nach dem Sex duschen müssen?«

»Ist doch mir egal!«, meinte ich lapidar. »Wir können doch nichts dafür, dass die hier so ein vorsintflutliches Monstrum eingebaut haben.«

Als wir unsere paar Sachen ausgepackt hatten, schnappten wir die Tasche mit unseren Handtüchern. Chris hatte bereits seine Badeshorts angezogen und auch ich trug meinen Bikini unter den Shorts und dem T-Shirt. Wir marschierten in die Unterstadt, bestaunten die vielen Lädchen, die meist nur Krimskrams verkauften. An einer Bäckerei machten wir Halt und kauften ein paar Brötchen, und in der benachbarten Metzgerei erstanden wir noch eine lecker duftende luftgetrocknete Salami am Stück. Das sollte reichen für eine kleine Mahlzeit, sollten wir Hunger bekommen.

Wir schlenderten weiter an der Uferpromenade entlang, kehrten in eine Weinhandlung ein und verkosteten ein paar

Weine. Wir wählten einen Riesling und ließen die Flasche gleich an Ort und Stelle öffnen, denn wir hatten keinen Korkenzieher dabei.

Eigentlich hatten wir vorgehabt, in das Seebad zu gehen, doch als wir am Ufer einen Tretbootverleih sahen, sagte ich: »Oh, lass uns doch ein Tretboot mieten und eine Weile rausfahren! Sieh mal, die haben auch solche, die hinten eine Liegefläche und eine Leiter haben.«

Chris war begeistert von der Idee, draußen auf dem See schwimmen zu gehen und uns die Sonne auf den Pelz brennen zu lassen. Wir mieteten das Boot gleich für anderthalb Stunden und traten ordentlich in die Pedale. Ach, war das herrlich! Dieser laue Wind, der meine Haare zerzauste, es roch nach See, nach einem Sommertag, nach Freiheit und je weiter wir auf den See hinausfuhren, umso ruhiger wurde es. Nur hin und wieder sahen wir ein Segelboot, das auf der glitzernden Wasseroberfläche tanzte. Irgendwann hielten wir an und ich stieg über die Leiter ins kühle Wasser. »Mein Gott, ist das herrlich!«, schwärmte ich. »Komm doch auch rein!« Chris zog sich sein Shirt über den Kopf und sprang mit einem Kopfsprung ins Wasser. Prustend tauchte er neben mir auf. »Herrlich!«, sagte er und gab mir einen nassen Kuss. Wir schwammen ein paar kleine Runden um das Boot herum und kletterten schließlich wieder zurück, breiteten unsere Handtücher aus und legten uns in die Sonne. Ich döste ein bisschen vor mich hin, als Chris meine Schulter sanft küsste. »Mmh …«, sagte er. »Du duftest so herrlich nach See …« Mit seiner Zungenspitze fuhr er meinen Hals entlang bis zu meinem Ohrläppchen.

»Hm … mach weiter, das tut gut!«, flüsterte ich träge und hielt die Augen geschlossen. Gleich darauf legte er sanft seine Lippen auf meine und seine Zungenspitze begehrte Einlass. Ich öffnete die Lippen und gab mich ganz seinem Zungenspiel hin.

Chris' Hand wanderte von meinem Nacken zu meinen Brüsten. Sein Zeigefinger fuhr die Kontur meines Bikinioberteiles entlang und tastete sich dann unter dem dünnen, noch feuchten Stoff zu meinen Brustwarzen vor. Ein Schauder durchfuhr meinen Körper. Ich wusste, dass meine Brustwarzen sich versteift hatten. Als er jedoch den Stoff meines Oberteils zur Seite schob und einen meiner Nippel zwischen die Lippen sog, atmete ich scharf ein.

»Chris … nicht … wenn uns jemand sieht!«, wehrte ich halbherzig ab.

»Warum denn? Hier ist doch niemand!«, murmelte Chris und leckte nun mit der Zungenspitze über meine harte Warze.

»Es kann aber jederzeit jemand kommen! Wenn du mich weiter scharfmachst, ist es gemein, wenn ich auf deinen Schwanz verzichten muss. Ein bisschen rumknabbern und knutschen ist ja okay, aber wir können doch nicht hier mitten auf dem See vögeln! Wenn da ein Ausflugsboot mit Kindern an Bord vorbeikommt …« Ich unterbrach mich und musste kichern bei der Vorstellung.

Nun hörte Chris zu meinem Leidwesen doch kurz auf. »Hm … was hältst du davon … wir könnten doch eins der großen Badetücher als Decke verwenden …« Er sah mich erwartungsvoll an und zeigte auf seine Badehose, wo sich eine große Beule abzeichnete. »Weißt du, der Kleine ist schon wieder heiß auf dich!« Er grinste entwaffnend.

»Na klar, du hast recht! Das könnte gehen!« Ich rutschte auf meinem Badetuch ein Stück nach rechts, um Chris Platz zu machen, und er deckte uns ab der Hüfte mit seinem Badetuch zu. Nun konnte wirklich aus der Ferne niemand erkennen, was wir da trieben. Ich nahm einen Schluck aus der Weinflasche. Der Wein schmeckte köstlich, auch wenn er natürlich nicht die richtige Temperatur hatte. Egal. Wir nahmen alles etwas lockerer. Ich reichte Chris die Flasche, der sich auch einen ordentlichen Schluck gönnte. »Hm, gut!«

Ich schmeckte den Wein auf seinen Lippen, als er mich wieder küsste. Seine Hand wanderte unter das Badetuch, strich über meinen Oberschenkel und suchte mein Dreieck. Ich öffnete die Schenkel etwas und fühlte Chris' Finger, der sachte über den feuchten Stoff meines Bikinihöschens strich. Als er über meinen Kitzler fuhr, durchzuckte mich ein Stromstoß. Ich wölbte mich seinem Finger entgegen, wünschte, er würde endlich das Höschen zur Seite schieben und in mich eindringen, doch er ließ sich Zeit. Fuhr durch meine Spalte, bis hin zu meinem Anus und wieder zu meinem Kitzler. Dort strich er mit schnellen Bewegungen darüber und ich rutschte unruhig mit dem Becken hin und her. Spreizte meine Beine weiter, hatte die Umgebung ausgeblendet, es zählte nur noch das Hier und Jetzt.

»Oh bitte, gib mir deine Finger. Ich will sie in mir spüren!«, bettelte ich. Als Chris den Stoff zur Seite schon, meine Schamlippen spreizte und einen Finger in mich einführte, keuchte ich lustvoll auf. »O ja, bitte nicht aufhören, das ist so wundervoll!«

Ich tastete über seine glatte Brust hinunter zu seinen Shorts, befühlte die harte Beule und schob meine Hand unter den Bund der Badehose. Heiß und prall war sein Schwengel! Bereit, mir wieder die größte Lust zu bescheren. Chris stöhnte leise auf, als ich mit meiner Hand auf und ab fuhr.

»Wie sollen wirs machen?«, fragte ich.

»Moment …« Chris entzog mir seinen Finger, hatte aber mein Höschen in meiner Poritze fixiert, sodass es nicht gänzlich zurückrutschte.

»Dreh mir den Rücken zu«, befahl er. Er hob mein linkes Bein ein wenig an, schob sich hinter mich und schon spürte ich seinen Steifen an meinem Po.

»Augenblick«, murmelte ich. Ich rutschte ein kleines Stück höher, schob meine Hand zwischen meine Beine, fand seinen Schwanz und half ihm, meinen Eingang zu finden.

»Meine Güte, bist du heiß! Und so feucht!« Chris stieß mit seiner Eichel ein paarmal leicht zu und drang jedes Mal ein klein wenig weiter in mich ein. Ich biss die Zähne zusammen, um nicht laut aufzustöhnen. Meine Finger wandten sich nun meinem Kitzler zu und streichelten ihn, während Chris mich mit langsamen, tiefen Stößen fickte. Ich war mir sicher, dass man oberhalb der Decke nur erahnen konnte, was darunter passierte. Oft war unser Sex leidenschaftlich und wild, deshalb war es auf diese Weise umso spannender und erotischer.

»Ich komme bald«, flüsterte Chris mir ins Ohr. »Du bist so heiß und nass und eng und …« er brach ab, verkrampfte sich, krallte seine linke Hand in mein Fleisch und pumpte seinen Liebessaft in mich hinein. Nach wenigen Stößen hielt er ganz still, sodass ich die Zuckungen seines Schafts in mir spürte. In diesem Moment verengte sich meine Muschi, mein Kitzler zuckte und ich kam in heißen Wogen. Als mein Orgasmus verebbte, blieben wir noch ein wenig liegen, bewegten uns nicht. Wir spürten das sanfte Schaukeln der Wellen, die Sonne auf unserer Haut und unendlichen Frieden.

Irgendwann war Chris' Schwanz erschlafft und rutschte aus mir heraus. Ich drehte mich um und gab Chris einen Kuss. »War toll, hm?«

»O ja! War doch eine gute Idee mit dem Handtuch, oder?«

»Das kannst du laut sagen!«, bestätigte ich.

Wir sprangen ins Wasser und kühlten uns ab. Danach brachen wir ein großes Stück von der Salami ab und aßen sie heißhungrig mit einem Brötchen. Hin und wieder tranken wir einen Schluck Wein. Irgendwann landeten ein paar Möwen in unserer Nähe und ich warf ihnen ein paar Brotkrumen ins

Wasser, um die sie sich stritten wie die Kesselflicker. Immer mehr Möwen und auch Enten kamen hinzu. Plötzlich waren wir umringt von unzähligen Wasservögeln. Das war ein Gezeter um den größten Brocken! Doch irgendwann war das Brötchen verteilt. »So, heute gibts nichts mehr!«, sagte ich. »Zu viel von dem Zeug ist eh nicht gut für euch!« Langsam mussten wir uns auch auf den Rückweg machen.

»Ach, war das herrlich!«, lachte ich glücklich, als ich mit Chris Hand in Hand an der Promenade schlenderte. Wir setzten uns in ein Café, beobachteten die vorbeiflanierende Menge und gegen später suchten wir ein kleines Restaurant, in dem wir zu Abend aßen. Danach fanden wir noch eine Kneipe, die uns gefiel und merkten gar nicht, wie schnell die Zeit verging.

Erst spät in der Nacht machten wir uns auf den Nachhauseweg, der natürlich bedeutend anstrengender war, als der Weg, den wir mittags gegangen waren. Zwei Kilometer steil bergauf … wir waren ganz schön außer Puste, als wir oben ankamen.

Auch in dieser Nacht liebten wir uns noch einmal. Und als danach die Dusche rumpelnd zum Leben erwachte, dachte ich, das ganze Hotel würde zusammenlaufen. Und so fingen wir uns dann auch am nächsten Morgen einen bitterbösen Blick der Pensionswirtin ein. »Duschen bis zweiundzwanzig Uhr, nicht später!«, krächzte sie missbilligend. Ich verkniff mir das Lachen und versuchte ernst zu bleiben. »Jawohl«, sagte ich brav, doch meine Mundwinkel zuckten. Die Alte schien zufrieden zu sein.

Das Frühstück war der absolute Hammer! Das möchte ich Ihnen nicht vorenthalten. Sprachlos saßen Chris und ich vor unserem ›Gedeck‹. In einem Körbchen lagen pro Person genau zwei Scheiben Graubrot – natürlich nicht frisch, sondern aus der Packung – eine Scheibe Käse und eine Scheibe Wurst für jeden. In die Tassen war der Kaffee schon eingeschenkt, eine Kanne zum Nachschenken gab es nicht. Ach ja, nicht zu vergessen, das kleine Döschen Marmelade gab es ja auch noch. Ein opulenteres Mahl habe ich bis dahin und seitdem nicht mehr genossen.

Und trotzdem blieb dieser kleine Urlaub über vier Tage am Bodensee einer unserer schönsten, an den wir immer wieder gerne zurückdachten.

HEISSER FRISEURBESUCH - DU GEHÖRT UNS

Ja, ich erfülle sämtliche Klischees, die man sich über männliche Friseure so erzählt und dabei schmunzelt. Ich bin schwul – zumindest seit ungefähr sechzehn Jahren, davor war ich in meiner ›Ausprobier-Phase‹ – man(n) und frau sagen über mich, ich wäre ein heißes Schnittchen, weil ich einen gestählten Body und trotz meiner vierzig Jahre und meiner ergrauten Schläfen eine erotische Ausstrahlung habe. Wohlgemerkt, das sind nicht meine Worte, sondern das, was man sich unter meinen Kunden und Bekannten erzählt.

Ich hatte mich vor ungefähr zehn Jahren selbstständig gemacht, nachdem die Nachfrage von Privatkunden immer mehr gestiegen war. Durch meine kreative und zuverlässige Arbeitsweise hatte ich mir einen gewissen Bekanntheitsgrad erarbeitet und so waren mittlerweile einige Berühmtheiten in und um Stuttgart unter meinen Kunden. Zu etlichen von ihnen war im Laufe der Zeit Zuneigung, Freundschaft und auch immer mehr Vertrautheit entstanden. Was man sich im Volksmund so erzählt, nämlich dass Friseure oftmals den Psychiater ersetzen, kann ich aus eigener Erfahrung bestätigen.

Zu meinen engsten Kunden gehörten auch zwei Freundinnen, ich nenne sie hier Viola und Larissa, denn die beiden sind verheiratet und führen glückliche Ehen. Daran soll sich nichts ändern, nur weil ich hier meine Geschichte erzähle …

Zum vereinbarten Termin parkte ich meinen Sportwagen vor der Einfahrt des villenähnlichen Gebäudes, nahm den Koffer mit meinen Utensilien aus dem Kofferraum und marschierte um das Haus herum, denn im Sommer hielten wir uns meist auf der hinteren Veranda, mit Blick auf den weitläufigen, gepflegten Garten, auf.

Die beiden Hübschen warteten schon auf mich. Viola, die Hausbesitzerin, sprang auf und fiel mir um den Hals. »Jack! Wie schön, dich zu sehen! Noch eine Woche länger und ich wäre fremdgegangen. Sieh dir nur meine Haare an!« Ich hatte ihr zwei Wangenküsschen gegeben und hielt sie nun eine Armeslänge von mir, und betrachtete ihre glänzenden, dunkelbraunen Locken, die sie mir mit gespielt verzweifeltem Gesichtsausdruck unter die Nase hielt.

Ich lachte. »Was für ein Unsinn, Schätzchen … du siehst wie immer bezaubernd aus! Hallo Larissa! Schön, dass du kommen konntest!« Ich zog die junge Frau, die daneben gestanden hatte, kurz an mich und hauchte auch ihr zwei Küsschen auf die Wangen.

»Hi Süßer!«, sagte sie keck mit einem Grinsen. »Du siehst wieder mal zum Anbeißen aus, Jack!«

Jack war natürlich nicht mein richtiger Name, doch er hörte sich besser an als Jakob. Die wenigsten Kunden kannten jedoch meinen richtigen Namen.

»Puh, ist das heiß heute!«, stöhnte Viola und goss Eistee aus einer Karaffe in drei Gläser. Sie trug ein fliederfarbenes, weit geschnittenes Kleid, das ihre perfekte Figur, für die sie so manche Frau wahrscheinlich gerne getötet hätte, umschmeichelte.

Auch Larissa trug ob der Hitze eine weich fließende Bluse und Shorts.

»Also, meine Damen. Kanns losgehen? Wer von euch möchte als Erste drankommen?«

»Fang am besten mit Larissa an, dann kann ich mich noch

ein bisschen an deinem knackigen Körper ergötzen«, meinte Viola, setzte sich auf einen der Stühle, zog einen weiteren zu sich heran und legte ihre Füße darauf. Die Beine schlug sie nicht übereinander, sondern spreizte sie ein wenig, sodass mein Blick auf ein klitzekleines Stück ihres ebenfalls fliederfarbenen Höschens fiel. Machte sie das mit Absicht? Versuchte sie, mich zu provozieren? Keine Ahnung, aber ich ignorierte es. Versuchte es zumindest zu ignorieren …

Larissa kam mit nassen Haaren aus dem Haus, setzte sich mit dem Rücken zu mir auf einen Stuhl und ich legte ihr den schwarzen Umhang um die Schultern.

»Und? Was macht die Liebe?«, wollte Viola wissen. Sie wussten natürlich beide, dass ich schwul war, ich hatte noch nie ein Geheimnis daraus gemacht.

Ich machte mich daran, Larissas Haare durchzukämmen und zuckte mit den Schultern. »Leider gibt es nichts Neues. Die meisten Männer, die ich kennenlerne, sind eher an einer schnellen Nummer interessiert. Wer will schon eine feste Beziehung, wenn er sich die Rosinen aus dem vielfältigen Angebot aussuchen kann?«

»Schade«, sagte Viola mitfühlend. Dann aber sagte sie: »Hast du eigentlich jemals mit dem Gedanken gespielt, es mal wieder mit einer Frau zu versuchen?« Sie sah mich herausfordernd an.

Ich warf ihr einen überraschten Blick zu. »Nein«, sagte ich. »Nie!«

»Aber warum denn nicht?«, schaltete sich nun auch Larissa ein. »Früher hattest du doch mal etwas mit Frauen.«

»Oder sind wir so abstoßend für dich?«, fragte Viola und öffnete ihre Beine ein klein wenig mehr. Konnte das noch Zufall sein? Oder machte sie mich wirklich an?

»Nein, Frauen wirken nicht abstoßend auf mich. Ich habe nur irgendwann für mich die Entscheidung getroffen, Männer zu lieben. That's it!«, schloss ich.

Ich kramte in meinem Koffer nach der richtigen Schere und nach Klammern zum Hochstecken von Larissas Haaren. Als ich mich wieder aufrichtete, wurde mir mehr als deutlich, was Viola bezweckte. Ihre rechte Hand befand sich nun nicht mehr über, sondern unter ihrem Kleid. Sie fuhr sich genüsslich über ihrem Höschen durch ihre Spalte und verharrte dort, wo sich ihr Kitzler befinden musste. Dabei sah sie mich herausfordernd an. Larissa entfuhr ein nervöses Kichern.

»Viola … wie lange kennen wir uns nun schon? Drei Jahre oder länger? Du bist eine verdammt attraktive Frau und findest bestimmt an jeder Straßenecke einen Mann, der sich darum reißen würde dich flachzulegen …«, sagte ich mit fester und ruhiger Stimme, obwohl in mir ein Sturm tobte und mein Herz bis zum Halse schlug.

»Die will ich aber nicht.« Viola feuchtete sich ihren Zeigefinger an, schob mit der anderen Hand ihr Höschen zur Seite, und spreizte ihre Schamlippen, sodass ich ihre feucht glänzende Spalte und ihre pralle Perle sehen konnte.

»Ich will dich!«, sagte sie rau. Ihr Finger glitt durch ihre Spalte und tauchte in ihre Muschi ein.

Zu meinem Entsetzen regte sich mein Schwanz. Er schwoll an und pochte in meiner Hose. Schon zu lange hatte ich keinen Sex mehr gehabt, als dass mich dieser Anblick kaltgelassen hätte. Peinlich berührt sah ich zur Seite und versuchte, mich auf Larissas Haare zu konzentrieren.

Doch plötzlich war Viola auf den Beinen. Mit einem Ruck zog sie sich ihr Kleid über den Kopf und warf es achtlos auf den Boden. Herrgott … das konnte doch nicht wahr sein! Sie stand nun nur noch in ihren Dessous vor mir. Der Spitzen-BH verhüllte fast nichts von ihren festen, kleinen Brüsten. Langsam kam sie auf mich zu. Während ich wie gebannt dastand, hatte Larissa den Umhang gelöst und war ebenfalls aufgestanden.

»Was zum Teufel …«, entfuhr es mir. Da war Viola auch schon bei mir angekommen und fasste mit geübtem Griff in meinen Schritt.

»Na, was haben wir denn da?«, sagte sie süffisant. »Dein Kleiner spricht aber eine ganz andere Sprache, mein Lieber.« Sie knetete ihn ein bisschen durch den festen Jeansstoff und er wurde härter. Ich konnte nichts, aber auch gar nichts dagegen tun.

Larissa zog sich nun ebenfalls ihre Bluse über den Kopf. Sie trug einen BH aus weißer Spitze. Die knappen Shorts betonten ihre schmale Taille und die langen Beine. Ihre Haut war von der Sonne in einem zarten Bronzeton gebräunt. Allein ihr Anblick würde ausreichen, einen Mann den Kopf verlieren zu lassen, doch vor gleich zwei so sexy aussehenden Frauen zu stehen, die mir ein eindeutiges Angebot machten, brachte mich fast um den Verstand. Dabei stritten sich in mir zwei Geister. Der eine war geil und flüsterte mir ins Ohr ›Endlich mal wieder ficken – scheiß drauf, dass es keine Männer sind!‹, und der andere war sauer. Stocksauer! Meine Werte wurden hier total missachtet und mir war klar, dass ich hier gnadenlos ausgenutzt wurde. Ich war einfach Mittel zum Zweck.

Trotzdem blieb ich stehen wie zur Salzsäule erstarrt und ließ es zu, dass Larissa mir die Schere und Klemmen aus der Hand nahm. Nachdem sie alles wieder in meinen Koffer gelegt hatte, kam sie zu mir zurück und streichelte meine Brust. Sie war zärtlich und gefühlvoll, und als sie durch das T-Shirt über meine Brustwarzen strich, wurden sie gleich hart und ich zuckte zusammen.

»Dafür, dass du gesagt hast, du kannst dir keinen Sex mit Frauen vorstellen, ist dein Kleiner aber schon ganz schön groß«, gurrte Viola mit einem Blick auf meine ausgebeulte Hose. Sie leckte sich über die Lippen und auf ihrer Stirn hatte sich Schweiß gebildet. Ungeduldig nestelte sie an meinem Gürtel und öffnete den Reißverschluss meiner Hose. Geschickt umfasste sie mein Glied, und als Larissa sah, was sie vorhatte, machte sie ihr ein klein wenig Platz, und Viola ging auf die Knie.

Ich stöhnte auf, als sich ihre Lippen um meine Eichel schlossen und sie anfing, daran zu saugen.

»Bitte nicht … hört auf …«, murmelte ich halbherzig. Doch wollte ich wirklich, dass sie aufhörten?

»Schsch …«, machte Larissa. »Schließ einfach deine Augen und genieße es.« Und ich schloss meine Augen …

Erst als ich meine Augen wieder öffnete, nahm ich wahr, dass Larissa und Viola beide völlig nackt waren. Wann sie ihre Höschen ausgezogen hatten, hatte ich gar nicht mitgekriegt.

Larissa befingerte sich selbst. »Du hast einen wunderschönen Schwanz! Es ist so geil mitanzusehen, wie Viola an ihm saugt.«

Doch genau in diesem Moment hörte Viola damit auf. Sie stand auf und lächelte mich lüstern an. »Er steht wie ne Eins, dein Prachtexemplar. Wie siehts aus, willst du uns ficken? Wenn du möchtest, darfst du auch anal rein …« Sie zwinkerte mir zu und spreizte ihre Schamlippen, rieb über ihren Kitzler und schob sich einen Finger in ihre Liebeshöhle. Klar wollte ich rein! Ich war so scharf, mein Schwanz war gereizt und pochte. Trotzdem erwiderte ich: »Ich habe kein Kondom dabei und ohne mach ichs nicht. Sorry …«

Larissa lächelte spitzbübisch und zauberte ein Kondom hervor. Woher sie es so plötzlich hatte, keine Ahnung!

»Keine Sorge, wir haben vorgesorgt«, sagte sie und riss schon die Verpackung auf. »Darf ich?« Gekonnt rollte sie das Kondom über meinen Schwanz, rieb ein paarmal darüber und kraulte meine Hoden.

Währenddessen hatte sich Viola auf ihre Yogamatte gekniet und wackelte aufreizend mit ihrem Po. Ich kniete mich hinter sie, streichelte ihre Arschbacken, zog sie ein bisschen auseinander, sah ihre rosa Rosette und hatte nur den einen Wunsch: in diesen Arsch einzudringen.

Doch noch war sie zu trocken, ich hätte ihr und mir selbst wehgetan. Deshalb setzte ich meinen Schwanz an den Eingang ihrer Muschi und drang langsam in sie ein. Sie war eng, heiß und feucht. Meine Lenden zogen sich zusammen, als ich meinen Schwanz wieder herauszog und ihn noch einmal bis zum Anschlag hineinschob. Viola keuchte auf. Sie fasste sich zwischen die Beine und ich konnte aus meiner Position sehen, wie ihre Finger um ihren Kitzler schnellten.

Larissa hatte sich neben Viola hingekniet und bettelte nun: »Bitte, lass mich auch deinen Schwanz spüren! Meine Muschi schreit danach. Nur anal mag ich nicht.«

Ich entzog Viola meinen Schwanz, spreizte Larissas Schamlippen und strich mit meinem harten Schwengel durch ihre Ritze. Ihre Muschi zuckte, als ich meine Eichel langsam in sie hineinschob.

»O ja!«, rief sie. »Mein Gott, gib ihn mir ganz!« Und ich schob meinen Schwanz komplett in ihre Muschi. Mit leichten Stößen fickte ich sie und ihr ekstatisches Stöhnen trieb mich an, schneller und fester zuzustoßen. Doch schon bald merkte ich, dass ich kommen würde, wenn ich so weitermachte. »Sorry, ich muss aufpassen, dass ich nicht zu früh komme«, sagte ich und entzog ihr meinen Steifen.

»Komm, leg dich vor mich hin, dann lecke ich deine Muschi, damit du nicht zu kurz kommst!«, schlug Viola Larissa vor.

Larissa, die ein bisschen geschmollt hatte, legte sich mit gespreizten Beinen vor Viola auf den Rücken, hielt ihre Schamlippen auseinander und seufzte genüsslich auf, als Violas Zunge um ihren Kitzler schnellte. Schnell schob sie zwei Finger in Larissas heiße Höhle.

Viola streckte mir aufreizend ihr Hinterteil entgegen. Ihr Loch glänzte feucht und verlockend, doch nun wollte ich Analsex haben. Ich befeuchtete meinen Finger, strich über ihren Anus und sah, wie ihre Rosette unter meinen Berührungen zuckte. Ich übte ein wenig Druck aus und langsam glitt mein Zeigefinger in ihren Arsch. Viola stöhnte laut auf. Ich nahm meinen Schwanz in die Hand und drückte mit der Eichel gegen den Schließmuskel, der unter meinem sanften Druck nachgab. Ganz langsam übte ich mehr Druck aus und mein Steifer glitt immer tiefer in Violas Po. Als sie sich daran gewöhnt hatte, fickte ich sie mit kurzen Stößen, die jedoch immer fester und tiefer wurden. Ich verlor die Kontrolle. Violas Lustschreie drangen wie durch Watte zu mir durch. Ein fast schmerzhaftes Ziehen in meinen Lenden kündigte meinen Orgasmus an.

Mit zusammengebissenen Zähnen stöhnte ich: »O Gott, ich komme!« Pulsierend schoss meine Ladung in das Kondom. Ich packte Violas Hüften, blieb tief in ihrem Arsch und hielt still, bis das Zucken meines Schwanzes nachließ und er langsam schrumpfte. Erst dann entzog ich ihr meinen Schwanz.

»Seid ihr auch gekommen?«, fragte ich noch außer Atem und rollte das Kondom ab.

»Aber so was von!«, sagten Larissa und Viola unisono.

Nun, da die Leidenschaft erloschen und die Triebe befriedigt waren, war ich peinlich berührt. Wie hatte ich mich nur so gehen lassen können? Ich traute mich kaum, den beiden Frauen in die Augen zu schauen. Ich griff schnell nach meiner Hose und kleidete mich hektisch an.

»Nun, ich glaube, wir könnten alle etwas zu trinken vertragen, was meint ihr?«

»O ja, gute Idee!«, stimmte Larissa fröhlich zu.

Viola, die sich einfach kurz ihr Kleid übergestreift hatte, verschwand im Haus.

Larissa zog sich währenddessen an. »Dir braucht nichts peinlich oder unangenehm zu sein«, sagte sie leise.

Ich räusperte mich, wusste nicht, was ich sagen sollte.

»Du wurdest knallhart von uns verführt, du konntest echt nichts dafür.«

Ich versuchte ein schwaches Grinsen. »Das habt ihr jedenfalls sehr gut hingekriegt. Ich hätte niemals gedacht, dass ich je wieder mit einer Frau Sex haben würde …«

»Eine Runde Prosecco für alle!«, rief Viola, als sie zurück auf die Terrasse kam und ein Tablett balancierte.

Wir stießen an und langsam wich die Verlegenheit von mir. »Ihr habt aber etwas vergessen«, sagte ich.

Viola und Larissa sahen sich an. »Was denn?«

»Haareschneiden!«, sagte ich und grinste. »Aber ihr müsst verzeihen, heute habe ich mit Sicherheit keine ruhige Hand mehr. Dieses Date müssen wir leider verschieben.«

Der sinnliche Gärtner – Heisse Lust

Ich weiß, ich bediene hier ein Klischee, von dem ich dachte, so etwas gibt es nur im Film. Als Fan der Serie *Desperate Housewifes* habe ich mich köstlich darüber amüsiert, als Eva Longoria regelmäßig ihren attraktiven Gärtner vernascht hat. Dass ich jemals selbst in eine ähnliche Situation geraten würde, hätte ich mir im Leben nicht träumen lassen. Aber ich will Sie, liebe Leser, gerne teilhaben lassen …

Mein Mann Ronald und ich führten eine gute Ehe. Wir waren nicht reich, konnten uns aber doch einigen Luxus gönnen. Unser Zuhause war eine feudale Villa, wir hatten keine Geldsorgen und Ronald wollte nicht, dass ich arbeiten ging. Ich solle mein Leben in vollen Zügen genießen, hatte er mir gesagt, bevor wir heirateten. Mein Mann war fünfunddreißig Jahre älter als ich, und so manche unserer Freunde und Bekannten hatten gewettet, dass unsere Ehe nicht lange halten würde. Aber allen Unkenrufen zum Trotz führten wir eine gute Ehe mit allen Annehmlichkeiten, die das Geld, das mein Mann mit seiner Unternehmensberatung verdiente, so mit sich brachten.

Doch jede Medaille hat zwei Seiten, und das sahen die meisten Menschen eben nicht. Ronald war durch seine Tätigkeit oftmals tagelang weg und ich saß alleine zu Hause.

Oft war mir langweilig, denn ich war es gewohnt, mich selbst zu versorgen, hatte früher als Model gearbeitet und eine Gesangskarriere angestrebt. Mit der Gesangskarriere wurde es nichts und Ronald war dagegen, dass ich mich vor wildfremden Fotografen fast nackt, bis auf die Unterwäsche, auszog.

»Mach doch was Soziales, engagiere dich irgendwo. Britta von nebenan hilft zweimal in der Woche bei der Tafel aus«, schlug er vor. Ich hatte zwar keine Ambitionen, mich hinter einen Tresen zu stellen und fremde Menschen zu bedienen, trotzdem kam mir eine Idee. Da ich alte Menschen liebte und gerne mit ihnen zusammen war, sorgte ich hin und wieder für ein altes Ehepaar in der Nachbarschaft. Der Mann war pflegebedürftig und seine Frau schaffte es nicht mehr alleine.

Zudem hatten wir einen riesigen Garten, den ich alleine pflegte. Dass der Garten eine Menge Arbeit war, wurde mir erst bewusst, als ich half, für den pflegebedürftigen Mann zu sorgen. Oft sank ich abends ächzend auf die Couch und beklagte mich nun doch über die viele Arbeit.

»Was ist dir wichtiger … der Garten oder die Fürsorge für Herrn Mertens?«, fragte Ronald eines Tages.

Ich musste nicht lange überlegen. »Ich würde Frau Mertens niemals im Stich lassen mit der Pflege ihres Mannes«, sagte ich voller Überzeugung.

»Na dann ist die Sache doch ganz einfach«, meinte Ronald. »Wir brauchen einen Gärtner! Dann kannst du dich auf das konzentrieren, was dir Spaß macht.«

»Und woher soll ich bitteschön einen Gärtner nehmen?« Ich war erstaunt über Ronalds Vorschlag. Ich selbst wäre nie auf diese Idee gekommen.

»Ich hör mich mal um«, sagte mein Mann. »Das sollte kein Problem sein.«

Und tatsächlich. Ronald war kein Mann, der lange Reden schwang, wenn er sich etwas vornahm, setzte er das auch in die Tat um.

»Am Donnerstag stellt sich jemand vor«, meinte er knapp eine Woche später. »Mein stellvertretender Geschäftsführer kennt einen jungen Mann, der sehr zuverlässig sein soll. Leider bin ich von Mittwoch bis nächsten Montag in Portugal, aber ich denke, das schaffst du auch ohne mich. Wenn er okay ist, dann stell ihn ein.«

***

Pünktlich ist er ja schon mal, dachte ich, als es am Donnerstag, wie vereinbart, um halb drei nachmittags an der Tür klingelte. Ich fürchtete, man konnte mir die Überraschung ansehen, als ich die Tür öffnete, und ein recht junger, gut gebauter Typ, verdammt gut aussehend, vor mir stand. Donnerwetter, dachte ich, ist das ein Kerl! Meine guten Manieren vergessend, betrachtete ich die Muskeln seiner Arme, die ich anschmachten konnte, weil er nur ein Achselshirt trug. Auch der Sixpack war nicht zu übersehen, weil das Shirt so eng war. Das kantige Kinn betonte seine männlichen Gesichtszüge und die glutvollen, dunklen Augen musterten mich ungeniert.

Bevor die Situation ins Peinliche abgleiten konnte, streckte mir der Typ die Hand entgegen.

»Hi! Ich bin Rico. Eigentlich heiße ich Enrico, aber es ist mir lieber, wenn Sie mich Rico nennen.«

Aus meinen erotischen Tagträumen gerissen, in denen ich diesen Kerl gnadenlos vernaschte, bat ich ihn herein. »Einfach geradeaus durch, in der Küche können wir uns unterhalten«, sagte ich.

Rico sah sich bewundernd um. »Meine Fresse, haben Sie es schön hier. Und das nennen Sie eine Küche? Das ist eher eine Halle!«

Ich musste über seine verbale Entgleisung schmunzeln und bat ihn, an dem riesigen, groben Tisch aus alter Eiche, der den Raum dominierte, Platz zu nehmen. Ich bot ihm einen selbst gemachten Eistee an.

»Danke, das tut gut bei der Hitze!«, sagte Rico und wischte sich den Schweiß von der Stirn. Er leerte das Glas in einem Zug.

»Wann könnten Sie denn anfangen?«, wollte ich wissen.

»Jederzeit!«, meinte er. »Wie oft brauchen Sie mich denn?«

»Oh, wir haben jede Menge zu tun. Kommen Sie mit, ich zeige es Ihnen …« Ich ging voraus in den Garten und wies mit der Hand auf die Büsche, die unser Grundstück säumten, auf die Rosen, die bald bis in den Himmel wuchsen, wenn man ihnen nicht Einhalt gebot, und auf die Beete, in denen ein paar traurige Blümchen wuchsen, die die Köpfe hängen ließen.

»O ja, hier gibts einiges zu tun«, bekräftigte Rico. »Soll ich gleich morgen anfangen?«

»Das wäre wunderbar!«, sagte ich begeistert. »Dann also bis morgen früh, Herr…? Sie haben mir gar nicht Ihren Nachnamen genannt …«

»Ach bitte, sagten Sie einfach Rico zu mir und duzen Sie mich ruhig.« Er hatte ein schelmisches, äußerst süßes Lächeln!

Ich lehnte mich von innen gegen die geschlossene Tür und atmete tief durch. Mein Herz schlug hart in meiner Brust. Mein Gott, dachte ich. Wie soll ich diesem knackigen Kerl gegenübertreten? Der muss mich nur ein einziges Mal anlächeln und dann ist es um mich geschehen. Was für ein Wahnsinn! In diesem Moment hätte ich mir gewünscht, Ronald wäre hier, denn die Versuchung war einfach zu groß. Wie lange würde ich dem Verlangen, mich diesem Mann in die Arme zu werfen, standhalten können?

Ich hätte mich dafür verfluchen können. Warum nur war es mir so wichtig, wie ich aussah? Ich hatte eine hautenge

Caprihose und ein leichtes, weißes Top angezogen, mich sorgfältig geschminkt und meine langen, blonden Haare zu einem Pferdeschwanz zusammengebunden. Sogar ein paar Tupfer meines Lieblingsparfüms hatte ich aufgelegt. Ich fühlte mich wie ein frisch verknallter Teenager. Vorige Nacht, als ich im Bett gelegen hatte, ging mir Ricos Gesicht und vor allem sein gestählter Body nicht aus dem Kopf. Ich hatte mir vorgestellt, er würde neben mir liegen, mich in seinen starken Armen halten … ich hatte seine Hände auf meinem ganzen Körper gespürt. Irgendwann hatte ich selbst Hand an mich gelegt und mich dort gestreichelt, wo ich seine Hände spüren wollte. Meine Spalte war feucht, mein Kitzler prall und empfindlich. Ich zögerte es so lange wie möglich hinaus, genoss die Illusion, es wäre Rico, der mich zutiefst befriedigte. Mein Orgasmus war lange und heftig. Schwer atmend und mit geschlossenen Augen lag ich im Bett, bevor ich endlich einschlief und von Rico träumte …

Als er pünktlich am nächsten Morgen klingelte, war ich irgendwie enttäuscht, dass er sofort nach seinen Arbeitsutensilien griff und sich geschäftig ans Werk machte. Da half auch sein Blick, der in meinem tief ausgeschnittenem Top versank, nichts. Was hatte ich denn erwartet? Dass er wie im Film über mich herfiel und wir es auf dem Küchentisch trieben? Das hier war nun mal kein Film und ich war eine verheiratete Frau, schalt ich mich selbst. Als Entschädigung für Ricos leider nicht vorhandenem Interesse an einem Quickie durfte ich seinen gestählten Oberkörper mit den muskulösen Armen durch die große Fensterfront in der Küche beobachten. Er hatte sein Shirt ausgezogen und selbst auf die Entfernung konnte ich den Schweiß sehen, der über seine glatte Brust rann. Ich leckte mir unwillkürlich über die Lippen. Sollte ich es wagen? Den ersten Schritt tun? Nein, das war mir zu gefährlich. Eine Zurückweisung hätte mich total blamiert und ob er dann noch für mich arbeiten würde, stand in den Sternen. Also hielt ich mich brav zurück und händigte ihm am Ende des Tages sein Geld aus. Bei seinem strahlenden Lächeln wurden meine Knie schwach. Hatte ich da etwas in seinen Augen gelesen? Ich war froh, dass ich noch Arbeit für mindestens fünf oder sechs weitere Einsätze für ihn hatte.

Als am Montag Ronald wieder zu Hause war, fragte er mich sofort, ob mit dem neuen Gärtner alles geklappt hätte und ob ich zufrieden sei. »O ja«, bekräftigte ich. »Er ist pünktlich, arbeitet zuverlässig und gut. Der Mann ist ein wahrer Geheimtipp.«

Als ich später nach dem üblichen Blümchensex in den Armen meines Mannes lag und dabei an Rico dachte, schämte ich mich. Was war nur aus mir, der treuen Ehefrau, geworden?

In der nächsten Woche näherte sich das Ende des Einsatzes von Rico und noch immer war nichts geschehen. Doch an jenem heißen Vormittag, als das Thermometer bereits um halb elf auf neunundzwanzig Grad geklettert war und Rico mit schweißüberströmten, freien Oberkörper zu mir in die Küche kam, nachdem ich ihn gerufen hatte, weil ich frischen Eistee mit Zitrone gemacht hatte, passierte, was passieren musste. Aus unserem fröhlichen, ungezwungenen Geplauder über das anhaltend heiße Wetter war plötzlich verlegenes Schweigen geworden. Rico stand etwas zu dicht vor mir, die Eiswürfel klirrten im Glas und er sah mir in die Augen. Viel zu tief und viel zu lange …

Meine Knie wurden weich, ich sehnte mich nach seinen Berührungen, konnte den männlichen Schweißgeruch wahrnehmen. Eine Aura umgab ihn, die förmlich nach Sex schrie …

Ich trat zu ihm, nahm ihm das Glas aus der Hand und stellte es auf dem rauen Holztisch ab. Meine Hand glitt suchend über seine glatte Brust, hinterließ eine helle Spur auf seiner gebräunten Haut.

»Du willst es genauso wie ich, hm?«, fragte ich leise und trat noch näher. Sein Blick versank in meinem und plötzlich zog er mich an sich. Unsere Lippen fanden sich, teilten sich, seine Zunge tastete nach meiner und umspielte sie. Ein Schauder fuhr durch meinen Körper.

Rico ließ von mir ab, umfasste mein Gesicht mit den Händen, küsste mich zärtlich auf den Mund. »O ja! Ich will dich so sehr, dass es manchmal wehtut, dich nur anzusehen.« Und wieder küsste er mich. Fordernd diesmal. Seine Hand löste meinen Pferdeschwanz, vergrub sich in meinen Haaren, während seine andere Hand tastend über meinen Körper wanderte. An meinen Brüsten verweilte er, knetete sie sanft und fuhr zart mit den Fingerkuppen über meine Nippel.

Ich drängte meinen Unterleib gegen seinen und spürte seine harte Männlichkeit. Mein Schoß pochte vor Verlangen, ich wollte ihn spüren. Viel zu lange hatte ich mir in meiner Fantasie ausgemalt, wie es sein würde, wie es sich anfühlen würde …

Rico packte meinen Po fest mit beiden Händen, sein Atem ging schnell. Seine Hand glitt zwischen uns, fand ihren Weg in meine Shorts und in meinen Slip. Sanft teilte er meine Schamlippen und streichelte meine Liebesperle, die bereits geschwollen war. Ein Stromstoß fuhr durch meinen Unterleib …

Ich schob ihn sanft von mir und öffnete den Reißverschluss meiner Shorts. »Komm, zieh dich aus … keine Sekunde will ich länger warten.«

Er half mir, die Shorts und meinen Slip über meinen Hintern zu ziehen. Achtlos stieg ich aus den Kleidungsstücken heraus und ließ sie auf dem Boden liegen. Ich streichelte über die Ausbeulung in Ricos Hose, öffnete den Knopf und den Reißverschluss. Als er seine Hose herunterzog, schnellte mir sein großer, steifer Schwanz entgegen. Wow!

Ich kniete mich vor ihn, leckte mit der Zunge über die Eichel, schmeckte die salzigen Tropfen, schloss meine Lippen sanft um den steifen Schaft und nahm ihn in meinem Mund auf. Mein Kopf fuhr langsam auf und ab. Rico sog scharf die Luft ein, hielt mich dann jedoch fest.

»Nicht ...«, sagte er leise. »Sonst komme ich zu schnell.«

»Hast du ein Kondom dabei?«, fragte ich atemlos. Er nickte und holte ein Päckchen aus seiner Hosentasche. Schnell riss er es mit den Zähnen auf und stülpte sich das Kondom über seinen Schwanz.

Rico half mir auf, hob mich auf die Tischplatte, als würde ich nichts wiegen, zog mich ein Stück nach vorne und ging in die Hocke. Seine Hände streichelten und kneteten meine Oberschenkel, drückten sie sanft auseinander, und schließlich öffnete er meine Spalte mit den Fingern und leckte mit der Zunge gefühlvoll über meine Klitoris, drang in mich, schmeckte meinen Saft. Mein raues Stöhnen wurde lauter, als Rico erst einen, dann einen zweiten Finger in mich einführte. Ich spürte, wie sie sich in mir bewegten.

»O Gott ... komm zu mir!«, bettelte ich. »Ich will dich endlich in mir spüren!«

Rico richtete sich auf, sein Pfahl war bereit, mir die höchsten Wonnen zu spenden. Er stieß mit der Eichel gegen meinen Eingang, drang vorsichtig in mich ein, übte leichten Druck aus, sodass sein Schwanz langsam in mich hineinglitt. Er hatte meine Schamlippen gespreizt, um alles genau sehen zu können. »Meine Güte, du bist so heiß ... so eng ...!«, presste er durch die zusammengebissenen Zähne hervor. Ich sah, dass er sich nur mit äußerster Mühe beherrschte.

»Komm her«, sagte ich rau, als sein Schwanz ganz in mir war. Er ließ meine Schamlippen los und nahm mich in die Arme. So fanden wir zu einem langsamen Rhythmus. Wir schaukelten der Lust und unserem Höhepunkt entgegen. Eng umschlungen spürte ich, wie er sich in mir hin und her und vor und zurückbewegte.

Das Kribbeln in meinem Unterleib verstärkte sich, wurde zu einem tosenden Sturm. Meine Muskeln zogen sich fast schmerzhaft vor Lust zusammen, als mein Orgasmus mich überwältigte.

»Schneller!«, schrie ich und lehnte mich wieder zurück, damit Rico mehr Bewegungsfreiheit hatte. »Gib ihn mir so fest du kannst!«

An seinen Armen traten die Muskeln und blaue Aderstränge hervor, als Rico mich fickte, dass mir Hören und Sehen verging. Mit einem Aufstöhnen brach er schließlich über mir zusammen. Ich spürte, wie sein Schwanz zuckte und pumpte, als es ihm kam. Und immer wieder stieß er in mich hinein. Ich hatte das Gefühl, als würde mein Orgasmus niemals enden.

Irgendwann hielten wir erschöpft inne. Schweißüberströmt, ausgepowert und völlig außer Atem.

»Wow! Es war schöner, als ich es mir jemals vorstellen hätte können«, sagte Rico, als er seinen nun nur noch halbsteifen Schwanz aus mir herauszog und das Kondom sorgfältig abrollte.

»Es war traumhaft! So gefühlvoll … du weißt wirklich, wie man eine Frau liebt!«, sagte ich und lächelte leicht.

»Bald ist mein Job hier erledigt«, sagte Rico bedauernd.

»Ja … aber irgendwann benötige ich wieder einen Gärtner und ich hoffe, dass ich dich dann anrufen darf.«

Er küsste mich leicht auf den Mund, strich mit den Fingern zart die Konturen meiner Lippen nach. »Jederzeit. Ich werde da sein …«

Heiss am Strand - Verführt unter der Dusche

Endlich Urlaub! In dem Luxusressort, in dem mein Mann und ich ein großzügiges Appartement mit Meerblick bewohnten, ließen wir uns so richtig verwöhnen. Auch das große Doppelbett wurde ausgiebig genutzt. So weit weg von zu Hause, dem Alltag und dem Stress entfliehen, einfach mal die Seele baumeln lassen … all das kurbelte unser Sexleben mal wieder so richtig an. Heute Morgen hatte mich Sascha, gleich nachdem ich aufgewacht war, zärtlich gestreichelt, bis ich mich vor Wonne seufzend in den Laken gerekelt und nach mehr verlangt hatte. Ich tastete unter der Bettdecke nach seinem harten Glied, rieb und drückte es sanft, bis es zu voller Größe angeschwollen war. Als er meine Spalte mit den Fingern erkundet und bemerkt hatte, dass sie bereits heiß und schlüpfrig war, drehte er mich auf den Bauch, ich reckte ihm meinen Po entgegen und ohne Vorwarnung drang er in mich ein. Ich befingerte meinen Kitzler und stöhnte vor Lust. Sascha entzog mir seinen steifen Schaft und schob ihn wieder tief in mich hinein …

***

Die Sonne brannte heiß auf meiner Haut, als ich auf der Liege am Strand, wo ich eingeschlafen war, zu mir kam. Ich rieb mir die Augen, war noch ganz gefangen in meinem Traum, in dem mich Sascha so hart von hinten genommen hatte, dass ich geschrien hatte, als mein Orgasmus wie heiße Wogen über mir zusammenschlug.

Um mich abzukühlen und wieder auf andere Gedanken zu kommen, stürzte ich mich in die kühlen Fluten des Meeres. Danach raffte ich meine Badesachen zusammen, stopfte alles in meine Tasche und machte mich auf den Rückweg zum Hotel.

Meine Fußsohlen brannten, als ich, meine Strandtasche unter den Arm geklemmt, über den heißen Sand rannte. Das Salzwasser rann aus meinen Haaren über meinen Körper. Als ich auf dem Holzsteg angelangt war, schlüpfte ich schnell in meine offenen Badeschuhe und lief in gemächlichem Tempo zu den Strandduschen, die zwei Klapptüren aus Holz hatten, und die mich an die Türen eines Wildwestsaloons erinnerten. Meine Tasche stellte ich auf den Boden und kramte darin herum, bis ich endlich mein Duschgel gefunden hatte.

»Ganz schön blöd, dass man hier seine Tasche auf den Boden stellen muss, nicht wahr?«

Ich fuhr herum. Neben mir stand eine junge Frau, die soeben ihre langen, dunklen Haare auswrang. Ihr braun gebrannter, durchtrainierter Körper glänzte im Sonnenlicht. Wow, was für eine Erscheinung!

Sie deutete mein Schweigen falsch. »Ich meine, die hätten hier wenigstens ein paar Bretter aufstellen können, damit man seine Tasche nicht in den nassen Sand stellen muss.« Missmutig runzelte sie die Stirn und zog die Nase kraus, was äußerst süß aussah. Gleich darauf jedoch lächelte sie und auf ihrer rechten Wange erschien ein niedliches Grübchen.

»Ja, das ist total unpraktisch«, erwiderte ich und lächelte zurück. »Wahrscheinlich wurden die Duschen von einem Mann konzipiert. Anders kann ich mir das nicht vorstellen …«

Sie lachte ein perlendes Lachen. »Kann durchaus sein«, meinte sie und verschwand in der Kabine. Kurz darauf hörte ich das Wasser rauschen.

Ich betrat ebenfalls die Dusche, schlüpfte schnell aus meinem nassen Bikini, und drehte das Wasser auf. Als das eiskalte Wasser meinen Körper traf, schnappte ich kurz nach Luft. Es war um einiges kälter als das Meer. Aber schnell hatte ich mich an die Temperatur gewöhnt und genoss nun den eiskalten Strahl, der meinen erhitzten Körper abkühlte. Ich drehte das Wasser ab, nahm das Duschgel und rieb mich von Kopf bis Fuß damit ein …

Plötzlich erschrak ich halb zu Tode, als ich Hände auf meinem Rücken spürte, die mich sanft streichelten. Ich riss den Kopf zur Seite und sah die Frau von soeben, die mich verschmitzt anlächelte und einen Finger auf ihren Mund legte. »Schsch … ich hab gedacht, wir könnten genauso gut zu zweit duschen.« Ihre Hände wanderten meinen Rücken entlang bis hinunter zu meinen Pobacken. »Oder hast du was dagegen?«

Ich war immer noch geschockt und überrascht, und wusste nicht, was ich sagen sollte. Dass ich oft von Männern angemacht wurde, war ich inzwischen gewöhnt. Aber von einer Frau? Und dann auch noch so direkt? Nein, das war mir bis jetzt noch nie passiert. Ich spürte, wie mir heiß wurde, als ihre Hände forsch weiterwanderten und sanft meine Pobacken massierten. Zwischen meinen Beinen pulsierte es. Ich zitterte, als sich ihre Hand zwischen meine Beine drängte, ihre Finger suchend meine Schamlippen spreizten, um an meine Lustperle zu kommen. Ich seufzte auf, mein Widerstand schmolz, und ich öffnete bereitwillig meine Beine. Um den Halt nicht zu verlieren, stützte ich mich links und rechts an den Holzwänden ab und ließ sie gewähren.

»Du hast so wunderschöne Brüste«, murmelte sie, senkte den Kopf und knabberte an meiner harten Brustwarze. Eine Hand streichelte und drückte meine Brust, die Fingerkuppen strichen immer wieder über die harte Warze, während die andere Hand zwischen meinen Beinen ruhte. Mit zwei Fingern rieb die Unbekannte meine Perle, die immer mehr anschwoll. Ein raues Stöhnen entrang sich meiner Kehle.

»Psst … nicht so laut!«, mahnte sie leise. »Wir wollen doch nicht, dass der halbe Strand hier zusammenläuft und wir noch Ärger bekommen.«

Ihre Finger tasteten sich weiter durch meine nasse Spalte voran und als ich erneut aufstöhnte, verschloss sie meinen Mund mit einem sanften Kuss. Ihre Zunge stieß gegen meine Zähne und begehrte Einlass. Ich fühlte ihre Zungenspitze, die mit meiner spielte. Noch nie hatte ein Mann mich nur mit seinem Zungenspiel dermaßen heißgemacht! Erneut stieß sie mit ihrer Zungenspitze gegen meine Lippen, saugte daran und stieß gegen meine Zunge. Wow! Diese Frau machte dies nicht zum ersten Mal, dazu ging sie viel zu routiniert vor. Aber sie wusste, wie sie mich in Ekstase bringen konnte.

Ein Protestlaut entrang sich mir, als sie von mir abließ, doch als ich sah, was sie vorhatte, machte ich ihr bereitwillig Platz. Sie ging vor mir in die Hocke, spreizte mit beiden Händen meine Schamlippen und leckte mit ihrer Zunge über meine Perle. Ich zuckte zusammen. Und als sie meine Klitoris zwischen ihre Lippen sog, durchfuhr mich ein Stromstoß.

»O mein Gott, mach weiter«, seufzte ich, »hör bloß nicht auf!«

Von Aufhören war sie weit entfernt. Sie leckte und sog, ihre Finger fuhren meine Spalte entlang und drangen in mich ein. Nicht tief, nur so weit, dass sie meine empfindlichste Stelle traf und leicht dagegen drückte. Mein Körper wölbte sich ihren Fingern entgegen und heiße Schauer durchliefen mich, während von oben das kalte Wasser unaufhörlich auf uns herabprasselte. Als ich einmal die Augen öffnete und zu ihr herabsah, bemerkte ich, dass sich ihr Blick verschleiert hatte und ihre linke Hand zwischen ihren Beinen verschwunden war. Während sie sich selbst befingerte, trieb sie meine Lust mit ihrer Zunge und ihren schmalen Fingern in ungeahnte Höhen. Ich wusste, dass ich meinen Orgasmus nicht mehr lange würde zurückhalten können. Sie musste spüren, wie meine Muschi zuckte und pulsierte.

»Oh mein Gott, mach schneller, bitte … gib mir deine Finger und steck sie ganz tief in mich hinein, ich komme gleich!«, stöhnte ich und es war mir egal, ob irgendjemand in der Nähe mich hören konnte. Auch ihr war es egal, denn sie beschleunigte das Tempo, schob ihre Finger in mich hinein, nicht nur zwei, sondern drei Finger! Sie zog sie wieder zurück, schob sie wieder hinein. Immer und immer wieder. Mein Orgasmus kündigte sich in heißen Wellen an und fegte schließlich über mich hinweg wie ein Orkan. Mein Unterleib krampfte sich zusammen, das süße, heiße Gefühl bemächtigte sich meiner, hielt mich in seinen Fängen, ließ mich nicht los …

Das Blut rauschte in meinen Ohren und das Geräusch, das ich schließlich wahrnahm, war mein eigenes Stöhnen. Auch sie stöhnte leise, als es ihr kam. Immer noch pulsierte meine Muschi. Auch, als sie längst von mir abgelassen hatte.

Mit ein wenig steifen Beinen erhob sie sich und ihr wunderschönes Gesicht war direkt vor meinem. Diesmal war ich es, die sie küsste.

»Wow«, flüsterte ich und nahm erstmals wahr, dass sie grüne Augen hatte. Ihr Grübchen an der Wange zeigte sich, als sich mich anlächelte.

»Gern geschehen …«, flüsterte sie zurück und machte Anstalten, meine Kabine zu verlassen.

»Hey!«, sagte ich.

Sie drehte sich um und sah mich fragend an.

»Wie heißt du? Ich weiß noch nicht mal deinen Namen!«

Sie lächelte geheimnisvoll und sagte: »Der spielt ja eigentlich gar keine Rolle, nicht wahr?«

Sie schenkte mir ein letztes Lächeln und verschwand …

Lustvoller Yachtbesuch - Erregende Spiele

Mein Mann Steffen und ich hatten uns lange auf unseren Spanienurlaub gefreut. Ein Kollege meines Mannes hatte uns sein Appartement in Marbella zu einem Spottpreis überlassen, sonst hätten wir uns einen Urlaub in so einem noblen Ambiente niemals leisten können.

Das Appartement, das unweit vom Jachthafen lag, gefiel uns ausnehmend gut. Nun, da der Alltag mit all seinen großen und kleinen Sorgen hinter uns lag, hatten wir endlich wieder einmal Zeit ohne Ende für uns und häufig auch Sex. Jeden Morgen tranken wir Kaffee im Bett, genossen die traumhafte Aussicht aufs Meer, auf dem die Jachten gemütlich auf den Wellen schaukelten.

Nachdem wir uns wieder einmal ausgiebig geliebt hatten, beschlossen wir am Jachthafen entlang zu schlendern und gegen später ein Mittagessen in einem der vielen kleinen Restaurants einzunehmen. Wir waren zwar schon fast jeden Tag am Hafen gewesen, dennoch wurde uns nie langweilig. Man sah so viele Leute, die ihren Reichtum offen zur Schau stellten, Prunk und Protz, elegante Damen mit großen Hüten und Herren, die ihre Rolex am Handgelenk trugen. Einmal hatten wir sogar eine alte Dame in Leopardenleggins, hohen Hacken und Pelzmäntelchen trotz der Hitze gesehen, die einen ausgewachsenen Geparden mit einem funkelnden Halsband spazieren führte. Steffen und ich hatten uns angesehen, er tippte sich gegen die Stirn und fast zeitgleich prusteten wir los vor Lachen und hätten dabei fast noch unseren Cocktail ausgespuckt.

Wir liefen Hand in Hand an den Schiffen vorbei, bestaunten die großen Jachten, von denen ich lieber nicht wissen wollte, was sie gekostet hatten. Es war ein Wettbewerb unter den Eignern: Wer hatte die größte, tollste, wertvollste, schnellste Jacht. Und um ehrlich zu sein: Ich hätte liebend gerne mal eine von innen gesehen. Deshalb reckte ich den Hals und wagte einen neugierigen Blick in jede Kajüte, die gerade offen stand.

»Na, gefällt Ihnen was Sie sehen?«, hörte ich eine amüsierte Stimme hinter mir und schoss erschrocken herum. Peinlich berührt und ein wenig schuldbewusst standen Steffen und ich wie zwei begossene Pudel vor diesem sehr attraktiven Mann, um dessen lachende Augen Fältchen erschienen. Er hatte grau melierte Haare, unter dem Poloshirt ließ sich ein durchtrainierter Körper erahnen und dass er regelmäßig in der Sonne war, konnte man daran erkennen, dass er braun gebrannt war.

»Entschuldigen Sie, dass wir so neugierig waren. Sind Sie der Eigentümer dieses Prachtstücks?«, wollte ich wissen.

»Ja, der bin ich«, sagte er lächelnd.

»Was sind Sie nur für ein Glückspilz«, entfuhr es Steffen mit ein klein wenig Neid in der Stimme.

»Ja, da haben Sie recht«, gab der Mann unumwunden zu. »Aber glauben Sie mir, meine Frau und ich wissen zu schätzen, was wir haben.« Unvermittelt wurde er ernst, doch gleich darauf lächelte er wieder charmant. »Haben Sie Lust, meine kleine Seaperl zu besichtigen?«

Steffen hob abwehrend die Hände. »Oh … nein! Wir wollten Sie gewiss nicht belästigen.«

»Ach kommen Sie schon«, sagte der Typ leichthin und nahm meinen Ellbogen. »Ein paar Minuten werden Sie doch Zeit haben, oder?«

»Warum denn nicht?« Ich sah Steffen bittend an. »Wir haben doch nichts vor und wenn uns der Herr schon einlädt … ich wollte schon immer so eine herrliche Jacht von innen sehen!«

»Bitte sagen Sie doch Gert zu mir …«

Ich streckte ihm meine Hand hin. »Ich bin Hannah und das ist mein Mann Steffen.«

»Also Hannah und Steffen, dann kommt mal mit!« Gert lief mit großen Schritten voraus und bat uns am Ende des schmalen Stegs die Schuhe auszuziehen. »Sonst gibts Kratzer und das mag meine Frau gar nicht«, sagte er breit grinsend. Dann rief er: »Liebling, wo bist du? Ich habe Gäste mitgebracht …«

Vom Bug ertönte eine sympathische Stimme. »Bin gleich da!«

Eine gertenschlanke Brünette – ebenso braun gebrannt wie ihr Mann –, die ihre langen Haare zu einem lockeren Knoten geschlungen hatte, kam uns entgegen. Sie trug nur einen knappen Bikini und ihre eingeölte Haut schimmerte im Sonnenlicht. Wow, was für eine Erscheinung!

»Hannah und Steffen heißen die beiden«, klärte Gert seine Frau auf.

»Hi! Ich bin Sandra!«, sagte sie und reichte uns lächelnd die Hand.

»Entschuldigen Sie, dass wir einfach so reinplatzen, aber …«, stotterte ich, doch sie lachte nur. »Kein Problem, Gert schleppt immer wieder irgendwelche Leute an, die ihm auf Anhieb sympathisch sind. Wir wärs mit einem Gläschen Champagner?« Sie blickte fragend in die Runde.

Steffen wollte schon wieder abwehren, aber ich kam ihm schnell zuvor. »Gern!«, sagte ich begeistert. Ich blickte mich um. »Meine Güte, haben Sie es schön hier …«

»Ach, sag doch du, sonst komme ich mir so alt vor«, meinte Sandra locker. »Gert, warum führst du Hannah und

Steffen nicht herum, solange ich den Schampus hole?« Flugs verschwand sie in der Kajüte.

»Na dann kommt mal mit …«, sagte Gert und wies einladend auf die offene Tür. Wir kletterten die kleine Leiter hinunter und standen mitten in einem Raum, der uns fast den Atem raubte. Nichts deutete von außen auf den Luxus hin, der uns hier unten erwartete. Eine geschmackvolle Wohngruppe aus cremefarbenen Leder, ein niedriger Glastisch, dessen Glasplatte von zwei kunstvoll gestalteten Händen getragen wurde, und ein heller Teppich, in dem meine Füße einsanken, sowie an einer Wand ein riesiger Bildschirm und geschmackvolle Blumenarrangements rundeten das Bild ab. »Wow!«, flüsterte ich andächtig.

»Ja, ich weiß, wir haben es schön hier«, sagte Gert, ohne arrogant oder herablassend zu wirken. »Kommt mal mit!« Er lief voraus in eine kleine Küche, in der Sandra soeben mit einer Champagnerflasche hantierte. »Lass mich das machen, Schatz«, sagte er, nahm Sandra die Flasche aus der Hand und küsste sie zärtlich auf den Mund.

»Danke!«, sagte Sandra und gab Gert einen liebevollen Klaps auf den knackigen Hintern. »Ich komme mit diesen blöden Flaschen nie klar«, sagte sie mit einem schiefen Grinsen. »Kommt mal mit, ich zeige euch noch unser Schlafzimmer.« Am Ende der Küche befand sich eine Türe, die sie nun öffnete …

Derselbe weiche Teppich, wie schon im Wohnzimmer, ließ unsere Füße einsinken. In der Mitte des Raumes stand ein großes, rundes Bett und auch hier befand sich an einer Wand ein großer Flachbildschirm. »Und hier ist unser kleines Badezimmer.« Sie wies auf eine Tür, die wir übersehen hätten, hätte sie sie nicht geöffnet. Sie war mit derselben Tapete tapeziert, wie die Wände. Ich warf einen Blick in das kleine Bad, das funktionell, aber auch hier sehr geschmackvoll eingerichtet war.

»Wow!«, sagte ich noch einmal zutiefst beeindruckt. »Es ist noch viel schöner, als ich mir vorgestellt hatte!« Sandra lächelte und nahm mich beim Arm. »Ja, wir sind auch sehr stolz auf unsere kleine Perle. Und jetzt gehen wir hoch und stoßen erst mal an …« Leichtfüßig sprang sie vor uns her. Steffen warf mir einen Blick zu, der mir sagte, wie beeindruckt auch er war.

Oben schien die Sonne von einem wolkenlos blauen Himmel auf uns herab, unsere Gläser klirrten, als wir miteinander anstießen, und bevor ich mich versah, waren wir vier in ein lebhaftes Gespräch verwickelt. Wir merkten gar nicht, wie die Zeit verging, bis Steffen einen Blick auf seine Uhr warf.

»Herrje, schon so spät …«, sagte er. »Tut mir leid, dass wir euch so lange aufgehalten haben.« Er stand auf. »Hannah, wir sollten los, wir wollten ja auch noch Essen gehen!«

Sandra stand ebenfalls auf. »Schade … die Zeit mit euch verging wie im Flug. Besucht uns doch noch mal, wir sind noch die ganze Woche hier.«

»Ich hab eine bessere Idee …«, schaltete Gert sich ein. »Warum kommt ihr nicht heute Abend her und wir essen zusammen? Bei Nacht ist es wunderschön hier im Hafen, wenn alle Schiffe beleuchtet sind. Das solltet ihr euch nicht entgehen lassen!«

»Oh! … meinst du wirklich?«, fragte ich begeistert und sah Steffen an. Dem gefiel der Vorschlag offensichtlich auch, denn er sagte gleich zu.

»Na dann bis später!«, sagte Sandra erfreut.

»Die zwei sind total nett, hm?«, meinte ich, als wir händchenhaltend zurück zum Appartement liefen. Wir hatten unterwegs nur eine Kleinigkeit zu uns genommen.

»O ja! Und dazu noch sehr attraktiv. Vor allem Sandra …« Steffen grinste breit und malte eine Acht in die Luft.

Ich kicherte. »Stimmt, sie ist schon eine tolle Frau. Aber Gert ist auch nicht ohne. Hast du seine Oberarme gesehen? Der hat vielleicht Muckis! Und der Rest ist auch nicht zu verachten.«

Steffen sah an sich hinab, hob sein Hemd ein wenig an und betastete seinen Bauch. »Beschwer du dich nur!«, sagte er beleidigt. Drehte er doch jeden Morgen seine Joggingrunden und hielt sich auch ansonsten fit.

Ich gab ihm schnell einen Kuss. »Nein, ich habe wirklich keinen Grund, mich zu beschweren«, versicherte ich ernsthaft, konnte mir ein kleines Grinsen jedoch nicht verkneifen.

Nach dem Duschen, als ich meinen Körper eincremte, kam mir eine Idee. Schon den ganzen Tag war ich scharf gewesen, aber es hatte sich einfach nicht ergeben, mit Steffen zu schlafen. Ich rief ihn zu mir ins Bad. Als er den Kopf hereinstreckte, winkte ich ihn honigsüß zu mir. »Schatz, ich würde gern mal wieder meine Kügelchen tragen«, sagte ich und öffnete eine Schublade. »Ich dachte mir, dass du mir vielleicht dabei behilflich sein möchtest?« Ich musste über Steffens verblüfften Gesichtsausdruck lachen.

»Hast du die Dinger etwa dabei?«, fragte er.

»Na klar!« Ich hielt ihm meine Liebeskugeln hin, setzte mich auf den Rand der Wanne und hielt einladend meine Beine gespreizt. Mit den Fingern zog ich meine Schamlippen auseinander. »Na? Möchtest du?«

Steffen leckte sich über die Lippen. Ich konnte sehen, dass sich seine Unterhose ausbeulte. »Ui, da will noch einer rein!«, bemerkte ich süffisant.

Steffen kniete sich vor mich hin und versenkte seinen Kopf zwischen meinen Beinen. Ich spürte seinen heißen Atem auf meinem Schamhügel und plötzlich leckte seine Zunge über meine Klitoris. Ich keuchte kurz auf, als Steffen einen Finger in meine Muschi einführte.

»Du bist so heiß«, murmelte Steffen. »Bevor ich dir die Kugeln einführe, will erst mal mein Steifer in dich rein.« Er zog sich schnell die Hose herunter und sein fast schon steifer Schwanz schnellte in die Höhe. Ich nahm ihn in die Hand, rieb ihn, bis er richtig hart und zu voller Größe angeschwollen war. Mit dem Po rutschte ich in die richtige Position und stützte mich mit den Händen am Rand der Wanne ab. Steffen kniete sich vor mich, spreizte meine Schamlippen, nahm seinen Schwengel in die Hand und setzte ihn an meinem Eingang an. Er glitt fast widerstandslos in mich hinein, so feucht war ich bereits. Als Steffen ganz in mir war, schloss ich die Augen und gab mich ganz seinem Rhythmus hin. Er fickte mich mit leichten Stößen. Meine Hand wanderte zu meiner Liebesperle und rieb sie. An meinen Fingern spürte ich, wenn Steffens Schwanz in mich hineinstieß. Meine Finger glitten immer schneller über meinen Kitzler und als ich kam, zogen sich die Muskeln in meinem Unterleib heftig zusammen.

Steffen stieß einen dumpfen Laut aus, stieß noch einmal fest zu, verharrte schließlich, sodass ich das Pulsieren spüren konnte, mit dem sein Samen in mich hineinschoss.

»Puh!«, stöhnte ich. »Das war jetzt richtig gut! Momentchen, ich dusche schnell, dann kannst du mir die Liebeskugeln einführen.«

Das Wasser perlte von meinem Körper, ich setzte mich auf einen Stuhl und bot Steffen auffordernd meine offene Spalte dar. Genüsslich spreizte er meine Schamlippen, leckte ausgiebig mit der Zunge durch meine Spalte und führte unter sanftem Druck die erste Kugel ein. »Das sieht so geil aus, wenn die Kugel in deiner Muschi verschwindet«, sagte er rau. »Am liebsten würde ich dich gleich noch mal ordentlich durchficken.«

»Keine Zeit mehr, mein Lieber, sonst kommen wir zu spät«, sagte ich und seufzte auf, als ich spürte, wie die zweite Kugel in mich eindrang.

»Fertig!«, sagte Steffen mit leisem Bedauern in der Stimme.

»Wir können ja später noch mal … wenn wir nach Hause kommen«, tröstete ich ihn.

Nun würde ich den ganzen Abend scharf sein, wenn ich die Kugeln spürte, wie sie sich bei jedem Schritt in mir bewegten …

Als wir Hand in Hand am Kai entlangschlenderten, drückte ich Steffens Hand und sagte verträumt: »Weißt du, an was ich grad denken muss? Erinnerst du dich noch an damals, als wir …«

Steffen wusste sofort, auf was ich anspielte, denn seine Augen glitzerten. »O ja … du meinst unsere ›wilde‹ Zeit, als wir mal eine Zeit lang Partnertausch mit Nicole und Simon gemacht haben?«

Die Liebeskugeln in meiner Vagina spielten ihr ganz eigenes Spiel und am liebsten hätte ich Steffen gleich hier in der Öffentlichkeit vernascht. »Mann, das war schon scharf, hm? Schade eigentlich, dass es dann irgendwann im Sande verlief.«

»Stimmt«, bekräftigte Steffen. »Aber so ist es halt, wenn man in eine andere Stadt zieht. Irgendwann schläft der Kontakt ein …«

Ich dachte immer wieder gerne an unsere Freunde zurück, mit denen uns so vieles verband. Es hatte damit angefangen, dass wir Mädels uns miteinander vergnügt hatten und irgendwann kam es, wie es kommen musste, und unsere Männer hatten uns in flagranti erwischt. Zuerst fiel den beiden förmlich die Kinnlade herunter, doch als sie realisiert hatten, was wir da gerade trieben, hatten sie sich schnell eingeschaltet und das Ganze artete in einer gewaltigen Sexorgie aus. Und bei diesem einen Mal sollte es nicht bleiben … Doch nachdem Nicole und Simon weggezogen waren, kam uns gar nicht in den Sinn, nach Ersatz zu suchen.

Inzwischen waren wir bei der Seapearl angelangt und schon bevor wir die Jacht betraten, konnten wir sehen, dass Sandra und Gert bereits für stimmungsvolles Licht gesorgt hatten. Überall spendeten kleine Laternen ihr weiches Licht, obwohl es noch nicht ganz dunkel war.

Sandra und Gert begrüßten uns mit Wangenküsschen.

»Schön, dass ihr da seid!«, sagte Sandra. »Bitte nehmt doch Platz, der Champagner ist eisgekühlt und ich hole gleich die Häppchen.« Während Gert unsere Gläser füllte und Sandra in der Kombüse verschwand, setzten wir uns auf die dicken, weichen Polster, in denen wir fast versanken.

»Auf euch und auf einen schönen Abend« Gert erhob sein Glas und stieß mit uns an. Sandra stellte ein Tablett mit kleinen Häppchen auf den Tisch, die keine Wünsche offenließen. Shrimps, Lachs, Filetspitzen, kleine Schälchen mit Salaten und exotisches Obst in kleine Häppchen geschnitten, rundete das perfekte Bild ab. Dazu gab es frisches Weißbrot und auch ein exquisiter Wein stand im Kühler.

»Meine Güte, ihr hättet euch doch nicht so viel Mühe machen sollen wegen uns!«, sagte ich, doch Sandra lächelte. »Mach dir keine Gedanken, die Mühe hat sich der Lieferant gemacht.«

Wir lachten und ließen uns das Essen schmecken, tranken nach dem Champagner von dem köstlichen Wein und quatschten uns die Köpfe heiß. Es war, als würden wir vier uns schon ewig kennen, unglaublich!

Währenddessen versank die blutrote Sonne im Meer und auf allen Jachten gingen die Lichter an. Das war ein unglaublich schönes Schauspiel. Ein Lichtermeer, das sanft auf den Wellen schaukelte!

Irgendwann merkte ich, dass mir ein wenig schummrig wurde. Ich hatte eindeutig zu viel Wein getrunken. Aber den anderen schien es genauso zu gehen. Die Sprache wurde derber, es fielen immer wieder sexuelle Andeutungen, Sandra und Gert plauderten munter aus dem Nähkästchen und ich spürte plötzlich die Kugeln in mir noch intensiver. Unauffällig rieb ich die Beine aneinander. Einmal erhaschte ich ein Grinsen von Steffen, der wohl gesehen hatte, dass ich scharf war.

Plötzlich setzte Sandra sich neben mich und strich über den Ärmel meiner Bluse. »Die ist traumhaft, du musst mir unbedingt verraten, wo du die her hast!« Sie nahm einen Schluck Champagner und beugte sich zu mir. »Du bist wunderschön!«, flüsterte sie mir ins Ohr. Ich riss überrascht die Augen auf. Hatte ich mich verhört? Doch als ich den Kopf wandte und Sandra in die Augen sah, zeigte mir ihr Lächeln, dass sie durch unsere Gespräche ebenso scharf geworden war, wie ich.

Sie strich mir eine Locke hinters Ohr und flüsterte: »Hast du's schon mal mit einer Frau gemacht?«

Normalerweise wäre ich jetzt rot geworden oder ich wäre ein Stück von ihr abgerückt, aber der ganze Abend knisterte vor Erotik, die Liebeskugeln in mir verstärkten meine Geilheit und Sandra war eine wirklich schöne Frau.

Statt einer Antwort küsste ich sie sacht auf den Mund. Ganz kurz starrte sie mich überrascht an, doch dann drückte sie ihre Lippen auf meine, ihre Zunge stieß vorsichtig dagegen und ich öffnete meinen Mund. Unsere Zungen fanden und erforschten sich. Sandra streichelte meine Arme, ihre Hände glitten hoch und hielten mein Gesicht umfangen. Sie küsste mich, dass mir Hören und Sehen verging!

Als sie von mir abließ, schnappte ich nach Luft. Ein leichter Schwindel hatte sich meiner bemächtigt und in meinen Ohren hörte ich ein Rauschen. »Puh!«, Sandra seufzte auf. »Du küsst so wundervoll und gefühlvoll …«

Steffen räusperte sich und Gert meinte lapidar: »Tja, meine Frau lässt nichts anbrennen. Sie ist einfach unersättlich und dabei ist es ihr egal, ob Mann oder Frau.«

Sandra kicherte. »Du kannst ja ganz ruhig sein, mein Lieber.« Und an uns gewandt: »Wie wir vorhin schon angedeutet hatten … Wir haben beide viel und gern Sex und auch mit wechselnden Partnern. Wie ist das bei euch? Seid ihr offen für Spielchen?«

Steffen grinste breit. »Tatsächlich hatten wir vor einigen Jahren mit einem befreundeten Pärchen hin und wieder die Gelegenheit zum Partnertausch. Leider verlief das Ganze dann im Sande. Erst vorhin hatten wir uns darüber unterhalten.«

»Hm … was meint ihr …«, spann Gert den Faden weiter. »Könntet ihr euch vorstellen, ein bisschen Spaß mit uns zu haben? Wir haben heute darüber gesprochen, dass wir euch echt gut finden.«

Gert warf mir einen kurzen Blick zu und sah Zustimmung in meinen Augen. Ich war sowieso schon aufgeheizt und auch er schien nicht abgeneigt zu sein. Währenddessen hatte Sandra ihren Arm locker um meine Schultern gelegt und streichelte sacht meinen Arm, was mir regelrecht Schauer über den Rücken jagte. Sie war einfach so gefühlvoll und ich war total neugierig, wie sie wohl beim Sex sein würde.

»Von uns aus sehr gerne!«, sagte ich.

»Na, dann lasst uns doch runtergehen.« Sie warf einen Blick auf den Kai, wo etliche Leute schlenderten und neugierig zu den Jachten herüberschauten. Genauso wie wir vor noch einigen Stunden. »Hier oben ist es zwar schön, aber ich glaube, die Leute würden Stielaugen bekommen, wenn wir es hier oben an Deck treiben würden.«

Sie griff nach der Flasche Champagner und lief voraus. Ich stand etwas unschlüssig vor dem großen Bett, das den ganzen Raum dominierte. Gert sorgte für leise, unaufdringliche Musik, die aus unsichtbaren Lautsprechern das Schlafzimmer erfüllte. Sandra stand vor mir und nestelte an den Knöpfen meiner Bluse, während sie mich wieder leidenschaftlich küsste.

»Warte, ich helfe dir …«, sagte ich und ließ die geöffnete Bluse achtlos auf den Boden gleiten. Auch aus meinem Rock schlüpfte ich schnell heraus.

»Wow!«, entfuhr es Sandra. »Was für eine wunderschöne Wäsche du trägst!« Ich hatte meine fliederfarbenen Dessous aus hauchzarter Spitze angezogen, was unheimlich gut zu meinem gebräunten Körper passte.

Sandra beugte sich vor und küsste meinen Hals, fuhr mit der Zunge bis zu meinen Brüsten und schob die Spitze zur Seite, um meine Knospen in ihren Mund zu saugen. Ein Stromstoß fuhr durch meinen Körper und ich spürte ein Ziehen im Unterleib. Sandras Hände streichelten meine Brüste, sie fuhr mit den Fingerkuppen immer wieder über meine Nippel. Ich hatte die Augen geschlossen und genoss jede einzelne ihrer sanften Berührungen.

»Ich glaube, du solltest nun auch den Rest ablegen«, murmelte Sandra heiser. »Ich will dich nackt vor mir sehen und dich verwöhnen. Und ihr …«, sie sah zu unseren Männern, die uns wie gebannt zugeschaut hatten, »könnt euch auch schon mal freimachen, ich denke, wir brauchen euch bald.« Sandra schlüpfte schnell aus ihrer Kleidung und ich konnte nun meinerseits ihren wunderschönen, biegsamen Körper sehen, der perfekt proportioniert war. Ihre großen festen Brüste passten genau zu den Rundungen ihrer Hüften und ihres wohlgerundeten Hinterns. Ihre Scham war blankrasiert, sodass man ihre Klitoris sehen konnte, die ein wenig zwischen den Schamlippen hervorstand.

Plötzlich hörte ich ein Räuspern. Steffen machte mir Zeichen, rollte mit den Augen und deutete mit dem Kopf auf meinen Unterleib.

Ich musste grinsen. »Keine Sorge, ich habs nicht vergessen …«

Sandra und Gert sahen uns ratlos an, denn sie konnten ja nicht ahnen, was ich in mir trug.

»Ich habe eine kleine Überraschung für dich«, sagte ich zu Sandra und legte mich aufs Bett. »Du darfst sie suchen …«

Auf Sandras ratlosen Blick hin, spreizte ich ein wenig die Beine und amüsierte mich köstlich, als ihre Augen groß wurden.

»Wow! Du hattest die ganze Zeit die Dinger in dir?«

»Na klar, magst du sie herausholen?«, sagte ich lächelnd.

Auch Gert hatte große Augen bekommen und kniete sich nun neben mich aufs Bett. Er hatte sich ausgezogen und sein Schwanz war bereits auf eine beachtliche Größe angeschwollen. Begehrlich blickte ich darauf und fragte: »Darf ich deinen Großen blasen?«

Er nickte und hielt mir seinen Schwanz vors Gesicht.

»Moment, ich will auch mitmischen«, beschwerte sich Steffen und nahm auf der anderen Seite des Bettes seinen Platz ein. Er wichste seinen Schaft und auf seiner Eichel hatten sich bereits einige Tropfen gebildet.

Sandra kniete sich nun zwischen meine geöffneten Beine. »So, meine Liebe, jetzt wirst du mal ordentlich verwöhnt …« Sie griff nach einem Fläschchen Massageöl und goss sich einige Tropfen davon in die Hand. Sie verrieb das Öl zwischen den Händen und begann, mich beginnend am Hals, über die Brüste – an meinen Warzen hielt sie sich etwas länger auf und nahm meine Knospen zwischen die Finger – über meinen flachen Bauch und schließlich endete die Suche ihrer Hände an meinem Schamhügel. Sie beugte sich zwischen meine Beine und ihr heißer Atem streifte meine Perle, die inzwischen vor Erregung prall und glänzend war.

Als ich ihre flinke Zunge auf meiner Klitoris spürte, zuckte ich zusammen, konnte mich jedoch nicht allein auf dieses göttliche Gefühl zwischen meinen Beinen konzentrieren, denn Steffen und Gert wackelten mit ihren Schwänzen vor meinem Gesicht. Mit der linken Hand griff ich nach Gerts Schwanz und Steffens steifen Pfahl nahm ich in die rechte. Ich wichste sie zeitgleich, fuhr mit den Händen auf und ab, und schließlich nahm ich erst Steffens Eichel in den Mund, nicht ohne vorher die Tropfen genüsslich abgeleckt zu haben. Steffen zuckte zusammen und unterdrückte ein Stöhnen, als ich seinen Steifen immer weiter in meinen Mund aufnahm und daran saugte. Er protestierte, als ich mich Gerts Schwanz widmete. Genauso sorgfältig wie bei Steffen, leckte ich erst die Liebestropfen von dessen Eichel, dann nahm ich seinen Schwanz tief in meinen Mund auf.

Währenddessen machte mich Sandra mit dem Spiel ihrer Zunge fast rasend. Ich wand mich unter ihren schnellen Berührungen, spürte wie sich die Liebeskugeln in meinem Inneren bewegten. Ein Ausruf der Überraschung entfuhr mir, als ich einen schlanken, vom Öl glitschigen Finger spürte, der gegen meinen Anus drückte. Unter sanftem Druck glitt Sandras Finger in meinen Po. Wow!

Ich lutschte währenddessen die beiden Schwänze hingebungsvoll. Die beiden Männer keuchten vor Erregung. Ich fürchtete, dass sie zu früh kommen würden, deshalb hörte ich auf.

»Ich glaube, Sandra und ich könnten jetzt einen Schwanz brauchen. Was meinst du, Sandra?«

Sie unterbrach ihr Spiel und sah auf. »O ja, ich bin so scharf, ich brauche unbedingt einen Steifen in meiner Muschi.« Sie griff sich zwischen die Beine und spielte mit ihrem Kitzler. »Aber zuerst befreien wir Hannah mal von den Liebeskugeln …«

Sie zog vorsichtig an der Schnur und langsam glitt die erste Kugel aus mir heraus. Danach folgte die zweite Kugel. »Sag mal, was ist das für ein Feeling, wenn du die Kugeln in dir hast?«, wollte sie neugierig wissen. »Ich habe das noch nie ausprobiert.«

»Ein geiles Gefühl natürlich«, sagte ich. »Wenn die Kugeln beim Gehen aneinander reiben, fühlt sich das fast so an, als hättest du die ganze Zeit einen Schwanz in dir, der sich bewegt.« Ich kicherte. »Ich trage sie manchmal im Büro und muss immer wieder grinsen, wenn ich daran denke, was die Kollegen wohl sagen würden, wenn sie wüssten, wie dauergeil ich bin.«

Sandra kicherte ebenfalls. »Eine interessante Vorstellung. Ich glaube, ich kaufe mir auch welche.«

Das Geplänkel wurde von Steffen und Gert unterbrochen.

»Hallo, die Damen! Ich hätte da einen Steifen, der in eine Muschi will!«, beschwerte sich Gert. Er überreichte Steffen ein Kondom und streifte sich seines schnell über seinen prallen Schwanz. »Safety first«, sagte er grinsend.

»Na dann kommt doch mal her!«, Sandra kniete sich hin und wackelte auffordernd mit dem Hintern. Ich konnte sehen, dass ihre Spalte glänzte vor Feuchtigkeit und wie ihre Lustperle hervorstand. »Warte einen Moment«, sagte ich, das Bild war einfach zu sexy. Ich bat Sandra, sich noch einmal hinzulegen, kniete mich zwischen ihre gespreizten Beine und sog ihre Perle zwischen meine Lippen. Ein wohliges, lustvolles Seufzen antwortete mir. Ich hielt Sandras Klitoris mit meinen Lippen fest und ließ meine Zungenspitze darüber schnellen. Sie wand sich vor Ekstase und ich hätte ewig so weitermachen können, spürte jedoch zwei Hände, die meinen Po streichelten, meine Pobacken auseinanderzogen, und schließlich eine Schwanzspitze, die in mich eindringen wollte. Wow! Ich wäre fast explodiert vor Geilheit, ließ aber von Sandra ab, die jetzt bestimmt auch einen Schwanz brauchte.

Als ich den Kopf wandte, sah ich Gert, der hinter mir kniete. Schnell hob ich mein Becken an, damit er besser in mich eindringen konnte. Wahnsinn, was der Kerl für einen großen Schwanz hatte! Ich knetete und zog an meinem Kitzler und genoss jeden Zentimeter, den Gert mir von seinem Steifen schenkte.

Sandra und Steffen beobachteten uns gierig, und ich konnte sehen, wie Sandra ihre Finger immer wieder in ihre Spalte schob.

»Ich wollte schon längst mal wieder sehen, wie ein anderer Kerl meine Frau fickt«, sagte Steffen mit belegter Stimme. Er rieb seinen Schwanz dabei auf und ab.

Sandra hatte jetzt genug gesehen. »Komm her und gib mir deinen Steifen!«, sagte sie zu Steffen, kniete sich neben mich aufs Bett und hob ihren Po in die Höhe. »Bediene dich nur«, forderte sie meinen Mann auf. Sie kam meinem Gesicht so nahe, dass wir uns küssen konnten. Wow! Ich spürte, wie Gert immer tiefer in mich eindrang, während Sandras Zunge meine liebkoste. Es war ein wahnsinnig geiles Gefühl!

Sandra stöhnte auf, als Steffen ihr seinen Schwanz in die Muschi einführte, sie unterbrach ihr Zungenspiel, als er sie hart durchfickte.

»Aaaah!!!« Ich schrie kurz auf, als Gert mir seinen Schwanz entzog und ihn dann in mich bis zum Anschlag hineinrammte. Ich krümmte mich vor Lust, warf den Kopf in den Nacken und stöhnte laut auf. Sandra befand sich ebenfalls auf einer Woge der Lust. Ich konnte sehen, wie ihre Brüste im Rhythmus der Stöße wackelten. Ihre Hand war wie meine ebenfalls zwischen ihre Beine gewandert, wo sie ihren Kitzler reizte bis zum Äußersten. Sie keuchte und stöhnte und Steffen hieb ihr seinen Schwanz immer wieder tief in ihre Muschi.

Gert packte mich fester an den Hüften, seine Finger gruben sich in mein Fleisch, und ich wusste, dass er gleich kommen würde. Mein Kitzler und mein Innerstes explodierten. Ich schrie meine Lust hinaus. Während ich kam, verlangsamte Gert seinen Rhythmus, stieß sanfter zu, und als mein Orgasmus abebbte, zog er seinen Schwanz aus mir heraus, streifte schnell sein Kondom ab, und ich spürte, wie sich sein warmes Sperma auf meinem Hintern ergoss.

Fast zeitgleich stieß Sandra spitze Schreie aus, ihr Orgasmus musste gewaltig sein, doch Steffen hielt sich noch zurück. Als Sandras Orgasmus verklang, keuchte sie noch völlig außer Atem: »Komm her mein Lieber, ich pumpe dein Sperma aus dir heraus …« Steffen ließ sich nicht lange bitten, er hielt ihr seinen Schwanz, der kurz vor dem Explodieren war, vor den Mund. Sandra zog schnell das Kondom ab, nahm Steffens Steifen zwischen die Lippen und saugte hingebungsvoll daran. Sie bewegte den Kopf auf und ab, nahm den prallen Schwanz tief in ihrem Mund auf. Plötzlich verkrampfte Steffen sich und erstarrte in der Bewegung. Seine Ladung schoss in Sandras Mund, die den Samen schluckte. Sie nahm seinen Schwengel in die Hand und pumpte den letzten Rest aus ihm heraus.

»Meine Güte!«, japste ich und ließ mich aufs Bett fallen. »Das war der Hammer!«

Sandra setzte sich neben mich, strich mit den Fingern sanft meine Rundungen entlang. »O ja, genauso hatten wir es uns vorgestellt, nicht wahr, Gert?«

Dieser nickte zutiefst befriedigt. »Das kann man wohl sagen! Ihr wart echt geil!«

Einer nach dem anderen gingen wir duschen, denn in dem engen Bad reichte der Platz nicht für mehr als eine Person. Danach zogen wir uns an und gingen wieder hoch ins Freie, wo wir den wunderschönen Abend bei einem Glas Champagner ausklingen ließen. Meine Liebeskugeln hatte ich allerdings in meiner Handtasche verstaut …

Heisser Fick auf dem Volksfest

Wie jedes Jahr hatte ich mich mit meinen Kumpels an jenem Samstag auf dem größten Volksfest in unserer Region verabredet. Einen Abend lang würden wir ausgelassen feiern, saufen und vielleicht sogar auf den Bierbänken tanzen.

Vorglühen bei einem von uns gehörte ebenso zu unserem Ritual, wie der fiese Kater am nächsten Tag. Aber was solls … einmal im Jahr ist keinmal. Doch dieser Abend würde mir wohl für immer im Gedächtnis bleiben …

Ein bisschen angeschickert schoben wir uns im Bierzelt durch die Massen wogender Leiber, auf der Suche nach sechs freien Plätzen, was gar nicht so einfach war. Schließlich hatten wir Glück, als eine kleinere Gruppe ihre Sachen zusammenraffte und sich torkelnd auf den Heimweg machte.

Wir quetschten uns in die freigewordene Lücke und warteten durstig auf den Kellner oder die Kellnerin, was nicht lange dauerte. Die Überraschung war groß, denn wir hatten entweder einen starken Mann oder eine Matrone mit Oberarmen, wie die eines Bodybuilders erwartet. Aber nicht gerechnet hatten wir mit dieser zierlichen und äußerst hübschen jungen Frau, die sich elegant durch die vielen Menschen schlängelte, und die – als würden sie nichts wiegen – zehn Maß in beiden Händen trug. Volle Maßkrüge wohlgemerkt!

Als sie die Krüge an ihre durstigen Besitzer verteilt hatte, kam sie zu uns und lächelte auf eine zauberhafte Art und Weise, sodass eine kleine Zahnlücke zwischen den oberen Schneidezähnen und zwei äußerst niedliche Grübchen auf ihren Wangen zu sehen waren.

»Was darfs denn bei euch sein?«, fragte sie in die Runde und schob sich eine dunkelbraune Haarsträhne, die sich aus ihrem Pferdeschwanz gelöst hatte, hinter ihr Ohr.

»Hätte ich gewusst, was für eine Schönheit wir hier treffen, hätte ich mich extra für dich aufgebrezelt.« Oli leckte sich mit der Zunge über die Hand und fuhr sich damit über die kurz geschorenen Haare. Das Lachen von uns anderen über seinen misslungenen Versuch, einen Witz zu machen, blieb aus.

»Mann, Oli … du sprühst heute mal wieder vor Charme«, sagte ich ein wenig genervt, da das Mädel solch dämliche Sprüche vermutlich den ganzen Abend von all den Betrunkenen ertragen musste.

»Bring uns einfach eine Runde Maß«, sagte ich mit entschuldigendem Blick.

Wieder zeigte sie ihre entzückenden Grübchen und dieses Mal galt ihr Lächeln nur mir allein.

Als sie mit unseren Maßkrügen zurückkehrte und meinen Krug vor mir abstellte, schenkte sie mir nicht nur ihr strahlendes Lächeln, sondern gewährte mir einen tiefen Einblick in ihr weit ausgeschnittenes Dekolleté, das die weißen Spitzen ihres BHs zeigte, der die Nippel ihrer festen, apfelrunden Brüste gerade noch so verdeckte. Ich stellte mir vor, wie ich zart an ihren Nippeln knabberte und sie zwischen meine Lippen sog.

»Ich heiße übrigens Nicole und bin heute Abend für euch zuständig«, riss sie mich aus meinem Tagtraum. Sie zwinkerte mir kurz zu, und als sie sich von mir abwandte, um die nächste

Bestellung durstiger Kunden aufzunehmen, starrte nicht nur ich auf ihr wohlgeformtes Hinterteil, dessen Rundungen durch die schmale Taille betont wurde. Das knielange Dirndl schwang um ihre Beine und in meiner Hose pochte mein Schwanz …

»Mann, bei der hast du aber schwer einen Stein im Brett«, sagte Nils neidisch.

»Alter … immer greift Nick die geilsten Weiber ab«, beschwerte sich Oli und nahm einen tiefen Schluck aus seinem Krug.

»Na, so wie du dich benimmst, wundert mich das nicht«, sagte ich schulterzuckend.

»Ach Quark … die ziert sich doch nur, meint, sie wäre etwas Besonderes. Die lässt bestimmt auch Nick abfahren. Wetten?«

»Red keinen Scheiß … Nick muss nur einmal mit dem Finger schnipsen. Der macht die Kleine klar!«, hielt Nils dagegen.

Bevor ich mich versah, hatten die beiden eingeschlagen.

»Sagt mal, gehts eigentlich noch?«, warf ich ein, »euch ist schon klar, dass ihr hier grad eine Wette über meinen Kopf abschließt?«

Oli und Nils hatten aber schon jeder einen Fünfer auf den Tisch geworfen. Ben und Manuel warfen ebenfalls einen Fünfer dazu. Pascal, der soeben vom Klo zurückkam, winkte ab. »Auf so was wettet man nicht.«

»Ganz meine Meinung!«, sagte ich. »Außerdem … vielleicht habe ich ja gar keinen Bock, Nicole ›klarzumachen‹.«

Als wir die nächste Runde orderten, legte Nicole unauffällig einen Bierdeckel unter meinen Krug, lächelte mich an und zwinkerte mir erneut zu. Beim Anblick ihrer Brüste regte sich mein Kleiner in meiner Hose.

Ich nahm den Bierdeckel und sah, dass etwas darauf geschrieben war: *In einer halben Stunde draußen? Rechte Seite des Bierzelts. Ich warte auf dich.*

Hitze schoss in mein Gesicht. Bot mir Nicole tatsächlich einen Quickie hinter dem Bierzelt an, oder wollte sie mich näher kennenlernen? Egal … ich war zu beidem bereit. Allerdings durfte ich nicht mehr allzu viel Alkohol trinken, sonst würde mir mein Kleiner einen Strich durch die Rechnung machen.

Meine Kumpels hatten nichts von alldem mitbekommen, sie hatten schon längst andere Mädchen auf dem Radar.

Eine halbe Stunde später entschuldigte ich mich und sagte den Jungs, ich müsse mal austreten.

Ich lief in Richtung Toilette, bog aber vorne links ab und ging zum Ausgang. Mein Herz klopfte wie verrückt, ich hatte keine Ahnung, was mich erwarten würde.

Nachdem ich den Ausgang passiert hatte, wandte ich mich nach rechts und ging den schmalen, dunklen Weg nach hinten, wie Nicole beschrieben hatte. Dabei wäre ich fast über einen Betrunkenen gefallen, der dort an die Zeltwand gelehnt, die Beine ausgestreckt hatte und seinen Rausch ausschlief. Ich unterdrückte einen Fluch. Je weiter ich nach hinten ging, umso dunkler wurde es. Man konnte kaum die Hand vor den Augen sehen und ich dachte schon, Nicole hätte mich versetzt, als ich plötzlich eine Hand auf meinem Arm spürte.

»Hey!«, raunte Nicole leise. Ich schnupperte. Ein blumiger Duft, der sie wie eine Aura umhüllte, stieg mir in die Nase.

»Hey!«, flüsterte ich zurück. Dann stand ich da und fühlte mich wie ein Trottel, denn ich hatte keine Ahnung, was sie von mir erwartete.

»Ich war etwas überrascht über deine Nachricht«, sagte ich unbeholfen. »Aber ich habe mich sehr darüber gefreut«, fügte ich schnell hinzu.

»Schön, dass du gekommen bist«, wisperte sie. Ich hätte ihrer leisen Stimme ewig zuhören können.

»Ich weiß auch nicht, was ich mir erwartet habe, aber du

hast mir auf Anhieb gefallen und ich wollte …« Sie unterbrach sich kurz, dachte nach. »Ja, um ehrlich zu sein, hast du mich so richtig umgehauen. Schade, dass ich hier so wenig von dir sehe, aber … dafür kann ich dich ja fühlen.« Ein leises Lachen folgte. Ihre Hand strich zart über meinen Handrücken. Eine Gänsehaut ließ meine Härchen aufrichten. Sie wanderte nach oben, verharrte an meinem Bizeps und plötzlich konnte ich den Geschmack nach Pfefferminz schmecken, als sich ihre Lippen auf meine legten. Ein Stromstoß durchfuhr meinen Körper. Ihre Hand wanderte weiter in meinen Nacken und verharrte dort. Ich hatte die Arme um ihre schmale Taille gelegt und erwiderte ihren sanften Kuss. Meine Zungenspitze stieß gegen ihre Lippen, die sie bereitwillig für mich öffnete. Als unsere Zungen sich fanden und miteinander spielten, seufzte Nicole leise.

»Genauso hab ich es mir vorgestellt«, sagte sie und ihre weißen Zähne blitzten im Mondlicht auf. Wenn die dunklen Wolken sich kurzzeitig verzogen, konnte ich ihr schönes Gesicht sehen. Ihre Haut schimmerte matt, ihre Gesichtszüge waren ebenmäßig. Und die fein geschwungenen Lippen luden zum Küssen ein, was ich auch sofort wieder in die Tat umsetzte. Ich küsste sie leidenschaftlich, bis ich spürte, dass sich nicht nur bei mir etwas regte, sondern auch sie drängte sich an mich. Ihre Hände wanderten von meinem Nacken in mein Hemd, tasteten meine breite Brust ab, öffneten gekonnt ein paar Knöpfe und strichen zärtlich über meine Brustwarzen, die sofort hart wurden. Mit einem Seufzen leckte sie mit der Zunge über meine Warzen. Ich sog scharf die Luft ein. Du meine Güte … dieses Mädchen hatte es drauf, einen Mann wild zu machen. Als sie den Kopf hob und mich ansah, küsste ich sie und strich mit der Hand ihren Hals entlang bis zu ihren Brüsten. Geschickt hob ich beide Brüste aus der Bluse, sodass sie in ihrer ganzen

Pracht vor mir lagen. Ich strich mit den Fingerkuppen über die hart gewordenen Warzen, beugte mich hinunter, leckte sie mit der Zunge und sog sie zwischen die Lippen, um sanft daran zu saugen. Genauso, wie ich es mir vorhin vorgestellt hatte.

Nicole hatte den Kopf in den Nacken geworfen und stöhnte leise. »Wahnsinn … du bist so gefühlvoll! Mach weiter bitte, hör bloß nicht auf!«

Nicht im Traum dachte ich ans Aufhören. Dafür war es viel zu spät. Mein kleiner Freund wollte in Nicoles Muschi, er drängte förmlich danach.

Ich wagte einen weiteren Vorstoß. Mit einer Hand tastete ich mich weiter nach unten. Ich fuhr Nicoles schmale Taille hinab, strich über ihre Hüfte, konnte ihre festen Schenkel unter dem glatten Stoff ihres Dirndls spüren. Als ich den Rock anhob und darunter die Mitte zwischen den Schenkeln ertastete, hielt Nicole kurz inne.

»Hast du was dabei?«, fragte sie. Ihr Atem ging schwer.

»Klar doch«, sagte ich. »Ich bin doch kein Anfänger!« Ihr leises, warmes Lachen antwortete mir.

Sie ließ mich zwischen ihre Schenkel, spreizte die Beine ein wenig, damit ich besser an ihr heißes Dreieck kam. Ich schob ihr Höschen zur Seite, ertastete ihre Liebesperle, die bereits geschwollen war. Ihre Spalte war feucht, ich fand ihren Eingang und schob vorsichtig und langsam einen Finger hinein. Danach gleich einen zweiten. Nicole stöhnte auf. »O ja! Oooh …«

Sie japste nach Luft, als ich mit dem Daumen ihre Klitoris reizte und die zwei Finger in ihr bewegte. Mein Schwanz pochte in meiner Hose. Er war hart und sehnte sich nach einer heißen Möse.

Endlich nestelte Nicole ungeduldig an meinem Gürtel. Ich half ihr und zog meine Hose und meine Unterhose ein Stück nach unten. Sofort schnellte mein Steifer in die Höhe.

»Meine Güte … was haben wir denn da für ein Prachtstück?«, säuselte Nicole und umschloss ihn mit der Hand. Sie fuhr ein paarmal auf und ab, ging dann in die Knie und leckte die ersten Tropfen von meiner Eichel. Dann umschloss sie ihn mit ihren Lippen, nahm meinen Schwanz weit in ihrem Mund auf, und kraulte mit der anderen Hand meine Eier. Ich sog scharf die Luft ein. Wow! Was für ein Feeling! Nun umkreiste sie mit ihrer Zunge die Eichel, leckte meinen Schaft von oben bis zur Wurzel und nahm ihn dann wieder in den Mund. Ich musste achtgeben, dass ich nicht gleich in ihrem Mund abspritzte.

»Warte …«, sagte ich mit zusammengebissenen Zähnen. »Du bist so gut, ich will nicht zu früh kommen.« In meiner rechten Gesäßtasche hatte ich immer ein Kondom, für alle Fälle. Man konnte ja nie wissen …

Mit den Zähnen riss ich die Packung auf, holte das Kondom heraus und rollte es mit geübtem Griff über meinen Schwanz.

»Wie willst du es haben?«, sagte ich rau.

Nicole sah mich an, drehte mir den Rücken zu und stützte sich mit den Händen an dem Bretterzaun, die Außenwand des Nachbarzeltes, ab. Sie raffte das Dirndl über ihrem wohlgeformten Po zusammen, streifte ihr Höschen nach unten, wo es weiß schimmernd zwischen ihren Füßen baumelte. Ich strich mit beiden Händen über die samtige Haut ihrer Pobacken, spreizte mit den Fingern ihre Spalte, fand ihren Kitzler und rieb ihn.

Nicole stöhnte auf. »Mehr … ich will dich in mir spüren!«, raunte sie. Ich ging ein wenig in die Knie, nahm meinen Steifen in die Hand und suchte ihren Eingang. Mit leichtem Druck glitt meine Eichel in ihre heiße, pulsierende Muschi. Langsam schob ich meinen Schwanz ganz in ihre enge Höhle. Als mein Schwanz tief in Nicoles Liebeshöhle war, stieß ich mit kleinen

Bewegungen zu. Ich musste die Zähne zusammenbeißen und mich konzentrieren, damit ich nicht vorzeitig kam. Obwohl ich merkte, dass auch Nicole so heiß war, dass es nicht lange dauern konnte, bis sie kam. Zumal sie eine Hand zwischen ihre Beine geschoben hatte und kräftig mithalf, ihren Kitzler zu stimulieren.

»Ja, fick mich«, stöhnte sie. »Machs mir! Ich will deinen Schwanz so tief wie möglich in mir spüren. Ja … so ist es geil!«

Meine Stöße wurden fester und härter. Ich hatte ihre Hüften gepackt, grub meine Hände in ihr weiches Fleisch. Plötzlich durchzuckte mich ein Stromstoß. Ich verkrampfte, hielt mich an Nicole fest, stöhnte rau auf, als ich meine Ladung verströmte. Ich stieß wieder zu, mein Schwanz war hart und ich drang wieder und wieder in Nicoles Muschi, bis sie einen kleinen spitzen Schrei ausstieß: »Oh mein Gott, ich komme!« Sie keuchte und ihre Höhle wurde ganz eng, ich konnte die Kontraktionen spüren, als sich ihre Muskeln um meinen Schwanz zusammenzogen.

Als Nicoles Orgasmus abklang, stieß ich noch ein paar Mal mit meinem Schwanz, der inzwischen nicht mehr ganz so hart war, zu. Dann zog ich mich aus ihr zurück. Schnell rollte ich das Kondom ab und verstaute meinen Schwanz wieder in seinem Gefängnis. Nicoles Atem hatte sich wieder normalisiert, als sie sich umdrehte und schnell ihr Höschen hochzog. Ihre Brüste steckte sie zu meinem Bedauern wieder dahin, wo sie hingehörten.

Ein wenig peinlich war mir die Situation jetzt schon, schließlich kannten wir uns ja eigentlich gar nicht und ich wusste nicht, was ich sagen sollte. ›Du warst einsame Spitzenklasse‹ oder ›Du bist das geilste Luder, das mir seit Langem über den Weg gelaufen ist‹, was auch der Wahrheit entspräche, oder ganz schlicht, aber wahr: ›Ich würde dich gerne wiedersehen.‹

Nicole stand nun dicht vor mir. »Kriege ich deine Telefonnummer oder kriegst du dann Ärger mit deiner Freundin oder Frau? Denn das war es, was ich eigentlich wollte, bevor wir übereinander hergefallen sind«, sagte sie mit ihrem bezaubernden Lächeln. »Ich wollte nur diesen Neandertalern, die deine Freunde sind, keine Plattform für ihre geschmacklosen Bemerkungen liefern.«

Ich umschloss ihr Gesicht mit meinen Händen und küsste sie zärtlich. »Keine Sorge … es gibt weder eine Frau noch eine Freundin. Ich würde mich freuen, wenn ich dich so schnell wie möglich wiedersehen dürfte.«

Ihr sanfter Kuss war mir Antwort genug …

Ich kehrte zurück ins Bierzelt und versuchte, auf dem Weg zu meinen Freunden, dieses dämliches Grinsen aus meinem Gesicht zu streichen, es ging niemanden etwas an, was soeben passiert war und die Fünfer, die auf dem Tisch lagen, wanderten am Ende zu ihren jeweiligen Besitzern zurück.

Heisser Nachmittag im Freibad - Ölige Verführung

Puh … Ich wischte mir den Schweiß von der Stirn. Bereits vormittags gegen elf Uhr zeigte das Thermometer im Büro achtundzwanzig Grad. Der Sommer hatte Deutschland fest im Griff und ich war froh, in weiser Voraussicht für den Nachmittag einen halben Tag Urlaub eingereicht zu haben. Meine Kollegin sah mir neidvoll dabei zu, wie ich meinen Schreibtisch aufräumte und den Computer ausschaltete.

»Na dann viel Spaß heute Nachmittag!«, seufzte sie und widmete sich widerwillig wieder den Akten auf ihrem Tisch.

»Den werde ich haben.« Fröhlich winkte ich ihr zum Abschied zu und machte, dass ich nach Hause kam. Dort packte ich schnell mein Handtuch, das Sonnenöl und das Buch ein, das ich gerade las. Den knappen Bikini trug ich unter meinen Shorts und dem bauchfreien Top. Bis zum Freibad waren es mit dem Auto gerade mal fünf Minuten und als ich den Eingang passierte, atmete ich innerlich auf, denn um diese Uhrzeit war noch nicht allzu viel los. Ich stapfte über die Wiese und fand ein schattiges Plätzchen unter einer riesigen Eiche. Ein Stückchen weiter lag ein junges Pärchen, das wild knutschend halb aufeinanderlag. Ich musste grinsen, denn der Junge würde so schnell nicht aufstehen können, um ins Wasser zu gehen. Rechts von mir lagen ein vereinsamtes Handtuch und ein Rucksack.

Ich zog mich aus und ließ mich auf meinem Handtuch nieder. Das Sonnenöl fühlte sich auf der Haut herrlich angenehm an. Ich ölte sorgfältig meine Beine ein, hob den Rand meines Höschens ein wenig an, um auch diese Stelle vor einem Sonnenbrand zu schützen, sollte sich mein Bikini beim Schwimmen etwas verschieben. Mein Dekolleté und meine Arme glänzten in der Sonne vom Öl und ich war gerade dabei, wilde Verrenkungen zu machen, um auch meine Schultern und mein Rücken einzuölen, als der Besitzer des verwaisten Handtuchs zurückkam. Er schlenderte lässig über die Wiese, das Wasser perlte an seinem muskulösen Körper hinunter ... Wow! Donnerwetter, so einen Adonis hatte ich schon lange nicht mehr gesehen. Dabei wirkte er trotz der verspiegelten Sonnenbrille überhaupt nicht arrogant. Als er nach seinem Handtuch griff, konnte ich seine Bauchmuskulatur sehen. Kein Gramm Fett verunstaltete seinen perfekten Körper.

Er hatte wohl meinen Blick gespürt, denn er sah kurz zu mir herüber. Desinteressiert trocknete er sich weiterhin ab und ich ärgerte mich über mich selbst, dass ich ihn angestarrt hatte. Vermutlich war er derartige Blicke von Frauen gewöhnt. Demonstrativ drehte ich ihm den Rücken zu und machte dort weiter, wo ich vor zwei Minuten aufgehört hatte.

»Darf ich dir behilflich sein?« Ich erschrak halb zu Tode, als ich diese samtene, tiefe Stimme direkt hinter mir hörte. Ich fuhr herum und sah in zwei stahlblaue Augen, die von einem Kranz dichter Wimpern und kleinen Lachfältchen eingerahmt waren. Die dunkelblonden Haare wurden von der Sonnenbrille zurückgehalten, die er sich auf den Kopf geschoben hatte. Nur eine einzelne Strähne fiel ihm in das markante Gesicht. Die kleine Narbe unter dem linken Auge, die das Perfekte etwas milderte, sah einfach bezaubernd aus. Vor allem, wenn er lachte, so wie jetzt.

»Sorry, ich wollte dich nicht erschrecken. Ich heiße Rick und du?« Er hielt mir seine Hand hin. Eigentlich war es eine

Unverschämtheit, mich einfach so zu duzen, aber Rick blickte mich mit diesem entwaffnenden Lächeln an, ich konnte ihm einfach nicht böse sein.

»Joe.« Sein Händedruck war kräftig, aber nicht zu fest. »Kommt von Jolene«, erklärte ich. Dann starrte ich ihn wieder an. Dieser Mund, das kantige Kinn … meine Güte. Am liebsten hätte ich mich auf der Stelle in seine Arme geworfen, nur um seinen harten, gestählten Körper auf meiner Haut zu spüren.

Rick nickte in Richtung des Sonnenöls, das ich immer noch in der Hand hielt. »Darf ich?«

»Äh … ja okay, klar …«, stotterte ich. Ich drückte ihm die Flasche in die Hand und drehte ihm den Rücken zu.

»Meinst du nicht, es geht besser, wenn du dich hinlegst?«

So elegant wie möglich legte ich mich auf den Bauch und hielt meine Haare mit einer Hand zusammen.

Er schob meine Hand fort und sagte: »Ich pass schon auf. Entspann dich einfach.« Rick träufelte sich Öl in die Hand und verrieb es großzügig auf meinem Rücken. Gekonnt massierte er das Öl in meine Haut ein, vergaß dabei auch nicht, mein Oberteil anzuheben. Gewissenhaft knetete er meine Schultern, doch als er mein Bikinihöschen ein klein wenig hinunterschob, protestierte ich. »Stopp! Da war ich schon …«

»Schade.« Bedauernd hob er den Gummibund an und das Höschen schnalzte mit einem kleinen Laut wieder an seine ursprüngliche Position.

Ich drehte mich schnell wieder auf den Rücken, bevor er noch auf die Idee kam, an den Oberschenkeln weiterzumachen. Eigentlich hätte ich ja nichts dagegen gehabt, diese sanften Hände weiter auf meinem Körper zu spüren, aber ich hatte Angst, dass man mir die Hitze ansah, die in mir hochgestiegen war. Und daran war eindeutig nicht die Sonne schuld.

»Danke«, sagte ich, weil mir nichts anderes einfiel.

»Gern geschehen«, meinte er, wischte sich die Hände an seinem Sixpack ab und war mit einem Satz auf den Beinen. Als wäre nichts gewesen, schlenderte er zu seinem Platz zurück. Herrgott, der Kerl war echt ein Hingucker!

Nachdem ich eine Weile in meinem Buch geschmökert hatte – und zwar ohne ständig zu ihm hinüberzusehen – beschloss ich ins Wasser zu gehen. Ich rappelte mich hoch und schlenderte mit wiegenden Hüften in Richtung Becken.

Ah, tat das gut! Das kühle Nass umspielte meinen erhitzten Körper und nach ein paar kräftigen Schwimmstößen ließ ich mich einfach im Wasser auf dem Rücken liegend treiben.

Als ich zum Beckenrand zurückschwamm, lehnte ich meinen Hinterkopf gegen den Rand, hielt mich mit den Armen fest und schloss die Augen. Ich erschrak, als mir plötzlich Wasser ins Gesicht spritzte. Schon wieder blickte ich in diese stahlblauen Augen…

»Hey! Ich dachte mir, ich kann dich doch nicht so schutzlos allein lassen«, sagte Rick mit einem umwerfenden Lächeln. Er tauchte unter und kam mit einem Prusten wieder an die Wasseroberfläche.

»Sag mal, verfolgst du mich?« Ich sah ihn herausfordernd an.

Er zuckte mit den Schultern. »Möglich …«, meinte er gleichgültig. Er drehte sich zu mir und plötzlich war sein Gesicht ganz nah. »Ich will dich ja nicht anmachen oder so, aber du hast einen echt geilen Arsch. Weißt du das eigentlich?«

Ich lachte laut auf. »Das ist eindeutig eine Anmache!«

»Nö, ist es nicht. Das war eine Feststellung. Achtung, du hast da was. Schließ mal die Augen.«

Ich schloss die Augen in Erwartung, dass er mir eine Wimper wegwischen würde. Auf das was folgte, war ich nicht vorbereitet …

Seine Lippen legten sich auf meine. Sanft, aber intensiv. Ein Stromstoß fuhr durch meinen Körper, ich fuhr zurück und riss die Augen auf. »Du …« weiter kam ich nicht, er küsste mich wieder. Diesmal spürte ich seine Arme, die sich um mich schlossen und als ich den zarten Kuss erwiderte, stieß seine Zunge vorsichtig gegen meine Lippen. Automatisch öffnete ich meinen Mund und ließ seine Zunge ein. Sie spielte sanft mit meiner und sandte Stromstöße in meinen Unterleib. Der feste Druck seiner Arme ließ mich dahinschmelzen. Mein Gott, konnte dieser Kerl küssen! Eine Hand hatte sich um meinen Nacken gelegt und spielte mit meinen Haaren, die sich in feuchten Kringeln um meinen Hals wanden. Schließlich gab er mich frei und sah mich fragend an. »Kassiere ich jetzt eine Ohrfeige oder war das gut?«

Frech und dreist grinste er mich an. Als Antwort gab ich ihm einen weiteren Kuss, der dieses Mal noch länger dauerte. Atemlos ließ ich schließlich von ihm ab. »Genügt das als Antwort?«, fragte ich.

»Mmh …«, machte er. »Du bist schuld daran, dass ich jetzt eine geraume Zeit nicht mehr aus dem Wasser kann.«

Ich kicherte. »Gott sei Dank bin ich kein Mann!« Mit dem Zeigefinger fuhr ich seinen Hals entlang, über die Kehle bis zu seiner glatten, muskulösen Brust. An der Brustwarze angekommen, sah ich, dass Rick zusammenzuckte. »Hör endlich auf damit, sonst stehe ich heute Abend noch hier«, stieß er hervor.

Ich kicherte. »Hm … was hältst du davon, wenn wir uns in fünf Minuten in einer der Umkleidekabinen treffen würden?«

Er riss in gespieltem Entsetzen die Augen auf. »In einer Umkleidekabine? Also wirklich … das ist überhaupt nicht mein Fall.«

Bedauernd und in der Hoffnung, er würde seine Meinung noch ändern, sagte ich: »Schade … das ist wirklich sehr schade!

Dabei bin ich gerade so scharf und hätte so gerne gesehen, was da noch auf mich wartet.« Ich zog einen Schmollmund und warf einen Blick in Richtung seiner Badehose. Das Wasser verhinderte, dass ich die Ausbeulung sehen konnte.

»Moment … ich sagte, die Umkleide ist nicht mein Fall. Ich finde, das kann jeder. Ich hingegen stehe eher auf etwas Spannenderes.«

»Und auf was?« Mein Interesse war geweckt.

Er warf einen Blick auf das kleine Wäldchen, das hinter der Liegewiese begann.

Ich riss die Augen auf. »Du meinst … echt jetzt? Du stehst darauf, vielleicht ertappt zu werden?«

Er grinste leicht. »Mhm … du nicht?«

Wow! Das hatte seinen Reiz! Ich hatte es zwar auch schon mal vor einiger Zeit mit meinem Ex-Freund im Freien getan, aber nun im Freibad mit einem Wildfremden, den ich gerade mal eine Stunde kannte …

»Einverstanden!«, sagte ich, ohne lange nachzudenken. »Ich gehe an den Platz zurück und warte, bis du aus dem Wasser kommst. Ich komme dann nach.«

Rick grinste und stieß sich vom Beckenrand ab. »Ich schwimm dann mal eine Runde, das soll am besten helfen.«

Ich musste nicht lange warten, da sah ich Rick an mir vorbeispazieren. Nachdem ich ihm einem kleinen Vorsprung gelassen hatte, stand ich auf und ging ihm hinterher. Tatsächlich, das Wäldchen schützte uns vor neugierigen Blicken, stellte ich fest. Lediglich ein Mann im mittleren Alter lag auf seinem Handtuch in der Nähe, doch dieser schlief tief und fest.

Rick empfing mich mit einem leidenschaftlichen Kuss und einer festen Umarmung. Nun konnte ich endlich seinen Körper erforschen. Meine Hände glitten über seine glatte Brust bis hinunter zu seinen Shorts. Sein wieder erwachender

Schwengel wuchs schnell, als ich ihn durch den dünnen Stoff knetete. Rick sog scharf die Luft ein. Doch ehe ich seinen Schwanz aus den Shorts befreien konnte, löste er sich von mir und schob die Körbchen meines Bikinioberteils zur Seite. Seine Hände glitten über meine Brüste, verharrten an den Brustwarzen und rieben sie sanft. Meine Brüste reagierten sofort auf die Berührung, die Nippel wurden steif und hart. Als Rick sich hinunterbeugte und abwechselnd die Warzen in den Mund saugte und mit der Zunge darüber leckte, stöhnte ich auf.

Meine Hand wanderte in Ricks Shorts und dieses Mal wehrte er sich nicht dagegen. Ich umschloss seinen steifen Schaft und rieb sanft über die Eichel, die schon feucht war. Auf und ab fuhr meine Hand, umschloss die Hoden, knetete und liebkoste sie.

»Oh mein Gott, du machst mich wahnsinnig!«, stöhnte er und schob nun seinerseits eine Hand in mein Bikinihöschen. Er fand sofort meine geschwollene Liebesperle und rieb darüber. Seine Finger tasteten durch meine Spalte und drangen leicht in mich ein. »Wahnsinn, wie feucht du schon bist!«, murmelte er.

»Ich muss aufpassen, dass ich nicht zu früh komme«, stöhnte ich. »Du machst mich so was von geil!«

»Geht mir genauso«, sagte Rick leise.

»Ich will mehr, ich will dich ganz!«, forderte ich. Meine Muschi schrie förmlich nach seinem harten Schwanz. Ich wollte ihn ganz tief in mir spüren. »Meinst du, wir können …« Meine Frage blieb unbeantwortet. Rick nahm seine Hand aus meinem Höschen und drehte mich um, sodass ich mit dem Rücken zu ihm stand. Er schob mein Höschen zur Seite und drang von hinten mit seinen Fingern in mich ein.

Ich spreizte die Beine und schon kurz darauf stieß seine Eichel gegen meinen Eingang. Ein Stromstoß fuhr durch meinen Körper. Ich war so feucht, dass sie mühelos in mich eindringen konnte.

»O ja«, stöhnte ich mit zusammengebissenen Zähnen. »Gib ihn mir, schieb ihn mir langsam rein, ich will ihn ganz tief in mir haben, hörst du?«

Meine Hand befand sich zwischen meinen Beinen und liebkoste meinen Kitzler. Es war der nackte Wahnsinn! Jederzeit konnte jemand vorbeikommen, während wir es hier trieben. Das törnte mich noch mehr an. Und Rick wohl auch, denn er stieß nun richtig zu. Er trieb seinen Schwanz in mich hinein, hielt meine Hüften mit festem Griff umklammert und stieß wieder und wieder in mich hinein. Seine Stöße wurden härter und wilder und ich spürte, wie die Lust in mir aufwallte. Seine Hände krallten sich in mein Fleisch, ich war ihm willenlos ausgeliefert.

Das altbekannte Pulsieren stieg in meinem Unterleib hoch, meine Muschi zog sich zusammen und ich hatte das Gefühl, zu explodieren.

»Jetzt!«, keuchte ich. »Oh Gott, ich komme …«

Rick blieb konzentriert und stieß härter und härter zu, während heiße Wogen über mich hinwegfegten. Ich hatte das Gefühl, als würde mein Orgasmus niemals enden.

Plötzlich hörte ich ein raues Stöhnen, Rick hatte seinen Schwanz tief in mich hineingestoßen und nun hielt er ganz still. Ich spürte, wie er sich verkrampfte, spürte das Pulsieren seines harten Schwengels in mir und seine heiße Ladung schoss in mich hinein.

Er verharrte für einige Zeit in dieser Stellung, stieß seinen angehaltenen Atem aus und zog sich dann langsam aus mir zurück.

Ich drehte mich um und sah in seine stahlblauen Augen. »Wow!«, sagte er und lächelte. »Wer hätte gedacht, dass ausgerechnet heute so eine scharfe Lady wie du meinen Weg kreuzt.«

Mein Atem hatte sich beruhigt und ich gab ihm einen Kuss auf den Mund. »Tja, wer hätte das gedacht … Es war echt toll mit dir! Auf die Idee, es hier im Freien zu treiben, wäre ich wirklich nicht gekommen. Aber ich muss gestehen, es hat seinen Reiz.«

Gemeinsam schlenderten wir zwischen den Bäumen hindurch und kamen an dem Mann vorbei, der vorher tief und fest geschlafen hatte. Nun war er wach und als er uns kommen sah, drehte er sich blitzschnell auf den Bauch und begann, geschäftig in seinem Rucksack zu kramen.

Rick grinste mich an und meinte: »Ob wir wohl einen Zuschauer gehabt haben?«

»So schnell, wie der sich auf den Bauch gedreht hat, kannst du davon ausgehen!« Ich kicherte.

Zurück am Platz sagte Rick bedauernd: »Schade, ich muss los, hab heute noch einen Termin.«

Wir verabschiedeten uns voneinander, aber nicht, ohne unsere Telefonnummern auszutauschen. So einen verdammt heißen Mann ließ ›frau‹ nicht so einfach vom Haken …

Im Sexclub – Zum Mitmachen verführt

Vor Kurzem wurde ich zum siebzigsten Geburtstag einer Tante meines neuen Freundes, mit dem ich erst ein halbes Jahr zusammen war, eingeladen. Anscheinend hatte es sich in der Verwandtschaft herumgesprochen, dass Thorsten endlich eine ›Neue‹ hatte und der runde Geburtstag war der Aufhänger dafür, mich in die Familie einzuführen. Da Thorstens Verwandtschaft in Fulda lebte, hatte ich außer seinem Bruder noch niemanden kennengelernt.

Entsprechend groß war meine Verunsicherung, wie die Familie auf mich reagieren würde. Ich hatte keine Ahnung, ob sie konservativ waren, denn ich hatte einige Tattoos, zog mich gerne freizügig an und entsprach wahrscheinlich nicht dem Prototyp Schwiegertochter, den man sich normalerweise so vorstellte …

Die Geburtstagsfeier war im Grunde genauso, wie ich sie erwartet hatte: Zum Gähnen langweilig! Es fanden kleine Aufführungen zu Ehren des Geburtstagskindes statt, die man geschätzt zum hundertsten Mal bereits gesehen hatte, doch der Höflichkeit halber klatschte der ganze Saal. Selbst ich!

Ich muss sagen, dass ich von Thorstens Verwandtschaft sehr herzlich aufgenommen wurde. Ich saß eingequetscht zwischen Thorsten und einer Tante dritten Grades. Die Achtzigjährige unterließ es nicht, immer wieder meine Hand zu tätscheln und zu bekunden, wie sehr sie sich für ihren ›Kleinen‹ freute, dass er eine so hübsche Freundin gefunden hatte. »Ich hoffe, ich werde zur Hochzeit eingeladen, Natalie.« Sie lächelte verträumt.

»Franzi. Ich heiße Franziska, Tantchen«, verbesserte ich sie und lächelte sie zuckersüß an.

Sie schlug sich mit der beringten Hand gegen die Stirn. »Ach ja, verzeih … Natalie war ja deine Vorgängerin …«

Der Blick, den ich Thorsten zuwarf, war hingegen nicht mehr so freundlich. »Hoffentlich zählt sie jetzt im Lauf des Abends nicht all deine Verflossenen auf«, zischte ich ihm zu.

»Hast du etwas gesagt, Kleines?« Die Tante hielt eine Hand an ihr Ohr.

»Ich hab grad nur gesagt, wie schön es ist, Thorstens Familie kennenzulernen.«

Ein älterer Onkel von Thorsten saß mir gegenüber und fiel alle paar Minuten mit den Blicken in meinen Ausschnitt. Ich zupfte ihn zurecht, da seine Frau schon recht säuerlich dreinschaute.

»Ja, wir sind schon ein recht bunter Haufen«, sagte eine männliche Stimme hinter uns auf meine Bemerkung.

Thorstens Kopf schoss herum. »Ulf! Du meine Güte! Wie schön, dass du auch da bist!« Er nahm Ulf in die Arme und die beiden klopften sich herzlich gegenseitig auf die Schulter.

Meine Augen waren ganz groß geworden, denn dieser Typ sah einfach heiß aus! Schätzungsweise Mitte dreißig, also ungefähr drei, vier Jahre jünger als Thorsten, schwarze kurze Haare, blaue Augen, so tief und klar wie ein Bergsee, und unter dem weißen Hemd zeichneten sich drahtige Muskeln ab.

»Darf ich vorstellen? Das ist Franzi, meine Freundin«, sagte Thorsten, als er bemerkte, dass Ulf mich neugierig anstarrte.

»Wow!«, sagte Ulf. »Du hast einen exquisiten Frauengeschmack!« Sein Blick glitt an mir herunter und ich fühlte mich in meinem engen Stretchkleid, das mir bis knapp oberhalb der Knie ging und einen tiefen Ausschnitt hatte, fast nackt. Es war allerdings kein unangenehmes Gefühl, im Gegenteil, dieser Blick machte mich – im Gegensatz zu dem des älteren Herrn eben – ganz kribbelig.

Ulf reichte mir lächelnd die Hand. »Gestatten? Ulf, seines Zeichens Thorstens Onkel.«

Ich riss überrascht die Augen auf. »Sein Onkel?«, echote ich.

Nun lachten beide laut auf. »Es ist einfach köstlich, die Reaktionen der Leute sind doch immer gleich«, sagte Thorsten und erklärte die gar nicht so komplizierte Familiensituation. »Meine Großmutter hat meine Mutter sehr früh, schon mit siebzehn Jahren, bekommen und auch meine Mutter wurde sehr jung schwanger mit mir. Danach wünschten sich meine Großeltern noch weitere Kinder, doch dieser Wunsch wurde ihnen verwehrt, bis … nun, bis meine Großmutter in hohem Alter völlig unerwartet doch noch einmal schwanger wurde und einen weiteren Sohn bekam. Dieser Sohn war Ulf. Als er geboren wurde, war ich bereits zwei Jahre alt. Und somit ist mein Onkel jünger als ich.«

Ulf grinste breit. »Darf ich mich zu euch setzen?«, fragte er und schnappte sich ungeniert Tantchens Stuhl, die nun beim Geburtstagskind saß und sich angeregt unterhielt.

»Mann, findet ihr es hier auch so ätzend und langweilig?«, fragte Ulf.

»Na ja …«, sagte ich gedehnt, denn ich wollte nichts Negatives sagen.

Doch Thorsten nickte. »Ja, schrecklich! Immer die gleichen Aufführungen, die gleichen Witze, und immer noch wird mir hin und wieder gesagt, wie groß ich geworden bin …« Ich kicherte.

»Hey! Ich hätte eine Idee …«, Ulf beugte sich verschwörerisch vor, warf einen Blick auf die Uhr und sagte: »Ich kenne da einen Laden, der ist gar nicht so weit weg von hier. Wir haben schon nach zweiundzwanzig Uhr, ich denke, es fällt nicht groß auf, wenn wir verschwinden.«

»Um was für einen Laden handelt es sich denn?«, wollte Thorsten wissen.

Ulfs Grinsen wurde breiter. »Ich weiß ja nicht, wie das bei euch so läuft … ob ihr offen seid für Neues. Es ist ein Klub, in dem Live-Sex auf einer Bühne geboten wird.« Er sah sich um, doch alle waren in Gespräche vertieft, niemand hatte mitbekommen, um was es bei unserem Gespräch ging.

»Echt? So richtigen Sex auf der Bühne? Oder nur angetäuscht?« Meine Neugier war geweckt und auch Thorstens Augen glitzerten begierig.

»Ich schwörs euch. Mit allem Drum und Dran und man sieht alles. Wirklich alles! Manchmal ist es Sex zwischen zwei Frauen, manchmal mischt ein Mann mit … alles, was das geile Herz begehrt!« Wow! Zwischen meinen Beinen kribbelte es gewaltig!

»Hört sich gut an!«, sagte Thorsten. »Also ich für meinen Teil würde das gerne mal sehen. Was meinst du?« Er sah mich fragend an.

»Klar! Ich bin dabei!«, sagte ich begeistert.

So endete der Abend nicht öde und langweilig, sondern spannend und hocherotisch …

»Geht ihr jungen Leute nur«, sagte das Geburtstagskind, als wir uns verabschiedeten. Einfach so davonzuschleichen wäre mir respektlos vorgekommen. »In eurem Alter hatte ich auch Besseres zu tun, als mit den Alten zusammenzusitzen.« Sie lächelte verständnisvoll.

Wir fuhren mit Ulfs Auto ungefähr eine halbe Stunde, bis wir vor einem unscheinbaren Gebäude in einem Industriegebiet parkten. Doch als wir die Eingangstür passiert hatten, bestätigten sich wirklich alle Klischees: Ein schwerer, roter Samtvorhang dämpfte die Geräusche, die von innen nach draußen drangen. An einer Kasse saß ein fetter, alter Mann, dessen beachtlicher Bierbauch fast die Knöpfe seines karierten Hemdes sprengten. Daneben stand ein Typ, wohl die Security des Hauses, mit dem man besser keinen Ärger anfing. Er war über und über tätowiert, selbst auf seiner Glatze rankten sich Dornen und Totenköpfe. Er war ein einziges Muskelpaket, dagegen wirkte Ulf schon schmächtig. An seiner Hand prangten Ringe, mit denen man bei einer Schlägerei besser keine Bekanntschaft machte.

Ulf bezahlte bei dem fetten Typen für uns alle drei den Eintritt, in dem für die Herren je ein Bier und für die Damen ein Glas billiger Sekt enthalten war.

Als wir durch den Samtvorhang traten, war alles in schummriges Licht getaucht. Auf den kleinen Tischchen brannten Kerzen und unaufdringliche Musik drang aus den Lautsprechern. Auf der kleinen Bühne, die in ein rötliches Licht getaucht war, vergnügten sich soeben zwei Frauen. Die Blonde, die nur halterlose, schwarze Strümpfe und ein Bustier aus schwarzem Leder anhatte, saß mit gespreizten Beinen auf einem Stuhl, hatte eine Reitgerte in der Hand, und schlug damit immer wieder auf die Brünette ein, wenn diese ihr Loch nicht ausgiebig genug leckte. Bei jedem Schlag stöhnte die kniende Frau laut auf. In ihrer Vagina steckte ein Dildo, der so fixiert war, dass er nicht aus ihr herausrutschen konnte.

Ulf schlängelte sich zwischen den Tischchen nach vorne. Da der Schuppen noch relativ leer war – das Hauptgeschäft ging laut dem Türsteher erst ab Mitternacht los – hatten wir die Wahl, wohin wir uns setzen wollten. Ulf lotste uns zu einem Tisch ganz vorne vor der Bühne, sodass wir hautnah miterleben konnten, was dort vor sich ging. Wir setzten uns nebeneinander, Ulf links und Thorsten rechts von mir. Eine leichtbegleitete Kellnerin, die schon bessere Tage gesehen hatte, brachte unsere Getränke. Ich nippte an dem Sekt und verzog das Gesicht. »Brr … ekelhaft das Zeug.«

Ulf orderte sofort eine Flasche Champagner. »Was hier im Eintrittspreis inklusive ist, kann man echt nicht trinken.« Er steckte der Kellnerin ein großzügiges Trinkgeld zu, was sie mit einem dankbaren Lächeln quittierte.

Das Stöhnen auf der Bühne wurde lauter. Die Brünette hatte der Blonden zwei Finger in die Muschi geschoben und fickte sie kräftig damit. Immer wieder leckte sie die pralle Klitoris ihrer Meisterin, die die Reitgerte nun zur Seite gelegt hatte und sich an ihrem Stuhl festkrallte. Die andere rieb sich wild ihren Kitzler, sie verfiel in Zuckungen, als sie zum Orgasmus kam. Die Blonde war auch soweit. Sie stieß spitze Schreie aus und aus ihrer Möse tropfte ihr Liebessaft.

Kurz darauf schnappten sich beide ihre Requisiten, verbeugten sich und liefen leichtfüßig von der Bühne. Verhaltenes Klatschen des Publikums war zu hören.

»Die beiden sind wirklich gekommen, oder?«, fragte ich atemlos, denn kaltgelassen hatte mich das Schauspiel nicht. Ich presste die Oberschenkel zusammen, versuchte, das Kribbeln zwischen meinen Beinen zu ignorieren.

»Klar, kommen die«, sagte Ulf. »Wartet mal ab, was jetzt kommt. Spitzenklasse sag ich euch!«

»Du kommst wohl öfter hierher«, bemerkte Thorsten mit einem süffisanten Grinsen. Ich konnte mit geübtem Blick sehen, dass er eine Beule in der Hose hatte, denn in der kurzen Pause war das Licht heller eingestellt worden.

Ulf grinste breit. »Na ja … ab und zu komme ich schon mal her. Gleich gehts los, die Darsteller Irina, Sabrina und Paul sind echt gut. Lasst euch überraschen …«

Kaum hatte er ausgesprochen, wurde das Licht gedimmt, sodass die einzige Beleuchtung die Kerzen auf den Tischen war. Die Bühne hingegen war wieder in dieses dunkle Rot getaucht. Es konnte losgehen und ich merkte, wie mein Puls schneller ging und wie das Kribbeln zwischen meinen Beinen intensiver wurde.

Musik ertönte und die zwei Frauen betraten die Bühne. Wie Ulf uns erklärte, war die Rothaarige mit dem langen lockigen Haar Irina. Sie hatte einen Körper, um den sie garantiert jede Frau beneidete: schmal, graziös, apfelrunde, jedoch nicht künstlich aufgeblasene, gleichmäßige Brüste, an denen die dunklen Nippel steif hervorragten, und Rundungen an genau den richtigen Stellen. Sabrina hatte pechschwarzes Haar, das sie als frechen, aber auch etwas streng anmutenden Pagenschnitt trug.

Die beiden Frauen betraten, völlig nackt, Hand in Hand die Bühne, auf der als einzige Requisiten eine Liege und davor eine gepolsterte Matte standen.

Irina hatte ein Fläschchen Massageöl dabei und begann nun, Sabrina erst sanft, dann immer fordernder zu küssen. Wir konnten sehen, wie ihre Zungen sich ineinander verschlangen, wie Sabrina sanft an Irinas Lippen saugte. Wow! Das war eine leidenschaftliche, überaus prickelnde Situation und ich wäre am liebsten an Irinas Stelle gewesen, denn nun öffnete Sabrina das Fläschchen und träufelte sich großzügig Öl auf die Hand. Sie stellte das Fläschchen auf den Boden, verrieb die Flüssigkeit zwischen ihren Händen und begann damit, Irinas Körper von Kopf bis Fuß einzuölen. Ihr wunderschöner Körper glänzte im diffusen Licht. Schließlich widmete sich Sabrina Irinas Dreieck, das sorgfältig gestutzt war. Sie kniete sich hin und zog Irinas Schamlippen auseinander, sodass wir ihre feucht glänzende Perle sehen konnten. Sabrina stöhnte laut auf, als ihre Partnerin ihre Klitoris zwischen die Lippen sog und ihr zuerst einen und gleich darauf einen zweiten Finger einführte, und sie sanft damit fickte.

Ich war so scharf, dass ich es kaum noch aushielt, presste meine Schenkel gegeneinander und rutschte auf meinem Stuhl hin und her.

Thorsten beugte sich zu mir und legte mir seine Hand auf mein nacktes Bein. Auf Strümpfe hatte ich heute verzichtet. »Geile Show, hm?«, fragte er lüstern und streichelte mein Bein, fuhr etwas höher, sodass der Stoff meines Kleides ein bisschen hochgeschoben wurde.

»Hör augenblicklich damit auf und nimm deine Pfoten zu dir!«, zischte ich ihm zu. »Ich habe auch ohne deine Hand Schwierigkeiten genug, einigermaßen cool zu bleiben.«

Doch Thorsten lachte nur leise und ließ seine Hand, wo sie war.

»Achtung ihr beiden! Gleich müsste Paul dazukommen …«, flüsterte Ulf uns zu.

Sabrina führte Irina zur Liege und hieß sie, sich hinzulegen. Woher sie plötzlich diesen großen Dildo hatte, war mir ein Rätsel.

Irina spreizte ihre Beine weit. Die Liege war so positioniert, dass das Ende zum Publikum zeigte. Sabrina kniete sich etwas seitlich von Irina auf die Matte, spreizte ihre Schamlippen weit, spielte und rieb an ihrer Perle, und setzte den Dildo an Irinas Eingang. Unter leichtem Druck glitt er ein Stück in ihre Muschi. Irina stöhnte und wand sich vor Lust.

Plötzlich tauchte auf der Bühne ein Mann auf. Er war ebenfalls nackt, hatte einen muskulösen Körper, blonde kurze Haare, und einen gewaltigen Ständer, der auf und ab wippte, wenn er sich bewegte.

»Das ist Paul«, sagte Ulf überflüssigerweise. Ich nickte, wandte meinen Blick jedoch keine Sekunde von der Bühne ab, zu scharf war das, was dort vor sich ging.

Der Dildo war nun bis zur Hälfte in Irinas Muschi verschwunden und Sabrina fickte sie mit leichten Stößen, wobei der Dildo jedes Mal ein bisschen tiefer in Irinas Muschi eindrang.

Paul stand nun neben den zwei Frauen und streichelte seinen Schaft. Als er soweit war, unterbrach Sabrina ihr Liebesspiel kurz, um sich für Paul richtig zu positionieren. Er kniete sich hinter Sabrina auf die Matte, rieb und knetete ihre Pobacken, zog sie auseinander, feuchtete seinen Finger an und drückte damit gegen ihren Anus, der unter dem sanften Druck nachgab und den Finger in sich aufnahm.

Thorsten war mindestens genauso geil wie ich, seine Hand streichelte ununterbrochen meinen Oberschenkel entlang, kroch immer höher … es konnte nicht mehr lange dauern, dann hatte sie mein Höschen erreicht. Inzwischen genoss ich seine Berührungen und öffnete meine Beine ein wenig.

Auf der Bühne nahm Paul seinen harten Prügel in die Hand und setzte ihn am Eingang von Sabrinas Muschi an. Langsam und konzentriert schob er ihn hinein, während Irina spitze Schreie ausstieß, weil der dicke Dildo sie ganz ausfüllte.

Plötzlich spürte ich auf meinem linken Bein eine zarte Berührung und blickte verblüfft auf.

»Hättet ihr etwas dagegen, wenn ich ein bisschen mitmische?«, fragte Ulf.

Thorsten zuckte zu meiner Verwunderung mit den Schultern und meinte: »Wenn Franzi nichts dagegen hat, es bleibt ja in der Familie …« Er lachte leise auf. Seine Stimme klang vor Erregung ganz heiser.

Beide Hände streichelten nun meine Beine, drängten meine Schenkel weiter auseinander und ich machte ihnen bereitwillig Platz, in der Hoffnung, dass niemand sah, was wir hier trieben. Aber im Grunde genommen, war mir das inzwischen sogar egal.

Ich sog scharf die Luft ein, als ich Thorstens Finger in meiner heißen Mitte spürte, die durch den dünnen Stoff meines Höschens meinen Kitzler und meine Spalte streichelten. Ulfs und Thorstens Finger trafen sich und Ulf zog meinen Slip zur Seite, um Thorsten freie Bahn zu verschaffen. Ich verkniff mir mit Mühe ein Stöhnen, als Ulf gekonnt meine Schamlippen spreizte und Thorsten mit zwei Fingern in meine feuchte Grotte eintauchte. Er spielte in mir, bewegte seine Finger hin und her, während Ulf über meine pralle, geschwollene Perle rieb.

Ich konnte mich kaum noch auf das Geschehen auf der Bühne konzentrieren, sah nur, dass Paul seinen Steifen in Sabrina stieß. Immer und immer wieder. Sie schrie auf vor Lust und gab Irina den Dildo genauso hart und unerbittlich, wie sie von Paul gefickt wurde.

Das Kribbeln meines Kitzlers breitete sich auf meinen gesamten Unterleib aus. Ich keuchte leise und versuchte, die Beine noch weiter zu spreizen, damit Ulf und Thorsten überall rankamen.

Als die Schreie auf der Bühne lauter wurden, Paul seinen Schwanz aus Sabrina herauszog und auf ihrem Hintern abspritzte, verkrampfte sich mein Unterleib und ich kam unter Zuckungen zum Höhepunkt. Ich biss mir auf die Lippen, um nicht laut aufzuschreien.

Wie durch einen Nebel hörte ich den Applaus, als die Darsteller sich vor dem Publikum verneigten und schließlich von der Bühne gingen. Das Licht ging an und ich strich schnell mein Kleid wieder glatt.

»Puh«, sagte ich und sah in die grinsenden Gesichter von Thorsten und Ulf.

»Wars gut?«, wollte Ulf wissen.

»Das kannst du aber laut sagen!«, sagte ich ein bisschen verlegen. »Sag mal … die Darsteller treiben es ohne Kondom?«

»Ja. Die müssen aber regelmäßig zum Gesundheitscheck und sie haben keine wechselnden Partner. Eine sichere Sache also.«

»Ähm, ich will ja nicht stören«, mischte sich Thorsten ein. »Aber um ehrlich zu sein, bin ich natürlich nicht auf meine Kosten gekommen und habe nun einen Ständer in der Hose. Ich wäre nicht böse, wenn wir zurück ins Hotel gingen, damit Franzi sich revanchiert.« Er grinste und fügte hinzu: »Aber ich wäre gern mit ihr alleine, wenn du verstehst, was ich meine …«

Ulf lachte und sagte: »Das ist doch selbstverständlich! Ich habe eh noch was vor. Linda wartet auf mich.«

»Linda?«, fragte Thorsten neugierig. »Wer ist Linda?«

Ulf grinste breit. »Mit Linda bin ich erst seit ein paar Wochen zusammen, also alles noch ganz frisch und neu. Und vor allem … aufregend!« Er rollte genießerisch mit den Augen.

»Na, dann passt ja alles. Nichts wie ab ins Hotel, damit ich es dir so richtig besorgen kann …«, sagte ich gut gelaunt und küsste Thorsten, dass ihm Hören und Sehen verging.

Groupie für eine Nacht - Verführt vom RockStar

Seit über drei Monaten hing nun schon die Eintrittskarte für das Rockkonzert meiner Lieblingsband aus den USA an meiner Pinnwand. Immer wenn ich in der Küche daran vorbeilief, fiel mein Blick darauf und mein Herz machte einen Sprung. Denn auf der Karte war ›Er‹ abgebildet! Er, den ich in meinen feuchten Träumen immer und immer wieder traf. In meinen Träumen, wenn ich seine Hände auf meiner heißen Haut spürte, wie sie sich von meinen Brüsten nach unten tasteten und wie seine Finger schließlich ungeduldig, fast grob, in mich eindrangen. Das Gefühl, wie mein ganzer Körper vibrierte und ein Orgasmus die Muskeln meiner Liebeshöhle zusammenzog, war einfach der Wahnsinn. Jeden Abend vor dem Einschlafen wünschte ich mir diesen Traum herbei.

Das Foto war gut getroffen. Er stand auf der Bühne, leicht nach vorne zum Publikum gebeugt, das Mikro in der Hand und mit freiem Oberkörper, der vor Schweiß glänzte. Seine langen, dunkelblonden Haare hingen ihm wirr in das fast androgyne Gesicht. Die Augen hatte er immer dick mit Kajal umrandet, was ihm ein wildes, ungezähmtes Aussehen verlieh. Mein Gott, was würde ich darum geben, wenn er mich nur ein einziges Mal anschauen würde. Wenn er mir die Hand reichen würde … ich glaubte, ich würde in Ohnmacht fallen. Dies alles hört sich wahrscheinlich an, als würde ein liebeskranker Teenager diese Geschichte aufschreiben, doch ich war eine gestandene Frau, die mit sechsundzwanzig genau wusste, was sie vom Leben wollte.

Schon seit vielen Jahren begleitete mich diese Band mit ihren harten, metallischen Songs und genauso lange war ich unsterblich in ›Ihn‹ verliebt. Ich nenne ihn hier Rick, obwohl das nicht sein richtiger Name ist. Ich fürchte, wenn ich seinen richtigen Namen nennen würde, hätte ich die Presse oder noch schlimmer … seine weiblichen Fans am Hals.

Die Tage bis zum Konzert schlichen nur so dahin, doch plötzlich war er da. Dieser eine Tag, auf den ich so lange hin gefiebert hatte. Den ganzen Tag hatte ich überlegt, was ich anziehen würde. Wie konnte ich Ricks Augenmerk auf mich lenken? Ganz klar: Ich würde mich nicht nuttig in einen viel zu kurzen Minirock kleiden, obwohl ich es mir von der Figur her leisten hätte können. Nein, ich war mir sicher, dass Rick auf Frauen stand, die ein selbstbewusstes Auftreten hatten und die sich so zu kleiden wussten, dass es den Anschein hatte, dass es ihnen völlig egal war, was er von ihnen dachte. Und trotzdem musste mein Outfit sexy sein. Keine Frage!

Also entschloss ich mich, meine alten knallengen Jeans, die an genau den richtigen Stellen löchrig waren, ein enges, schwarzes Top, das ein wenig den Bauch frei ließ, sodass man immer wieder mein Bauchnabelpiercing glitzern sehen konnte. Darüber meine schwarze Lederjacke und fertig. Meine schwarzen Locken ließ ich offen über meinen Rücken fallen und mein Make-up war schlicht, bis auf meine hellblauen Augen, die ich ebenfalls mit Kajal schwarz umrandete.

Doch … als ich mich vor dem Spiegel drehte, gefiel ich mir selbst, obwohl ich oft mit mir haderte, was wir Frauen aber alle hin und wieder tun, glaube ich.

Mit klopfendem Herzen war ich viel zu früh an der Halle angekommen und musste in der Kälte frierend ausharren, bis endlich geöffnet wurde. Sofort sicherte ich mir einen Platz ganz vorne in der ersten Reihe, den ich bis aufs Blut verteidigen würde! Die Halle füllte sich und langsam wurde es eng ganz vorne. Und zuerst musste ich auch noch die Vorband über mich ergehen lassen …

Irgendwann kam ich mit einem Typen ins Gespräch. Er war lustig und so verging die Zeit viel schneller. Als die Vorband mit ohrenbetäubender Lautstärke spielte, brüllte Kai, so hieß er, mir ins Ohr: »Falls du was trinken möchtest oder mal kurz raus willst, ich halte dir den Platz frei. Versprochen!« Er sah mich treuherzig aus seinen Hundeaugen an. Nichts lieber als das! Mir taten bereits die Beine weh und das Gedränge in meinem Rücken nervte. Ich schob mich durch die Menge in Richtung Ausgang und holte mir an der Bar eine Cola.

Plötzlich tippte mich jemand auf die Schulter. »Sarina? Bist du das?« Ich drehte mich um und stieß einen Laut der Überraschung aus. Vor mir stand Frankie, ein ehemaliger Nachbar, mit dem ich früher oft um die Häuser gezogen war.

»Hey! Was machst du denn hier?«, sagte ich überrascht.

Er tippte auf seine schwarze Jacke. »Ich arbeite hier für die Security!«

»Oh, ich wusste gar nicht, dass du so was jobmäßig machst!«

»Nur nebenbei, so verdiene ich mir ein kleines Zubrot und es ist superinteressant, auf diese Weise lernst du unheimlich viele Leute kennen«, meinte er.

In meinem Kopf arbeitete es. Security? Das hieß, er hatte freien Zugang zu allen Bereichen! Auch zu dem der Künstler? Ich fragte ihn keck.

»Aber klar doch!«, sagte er breit grinsend und zeigte mir seinen Ausweis.

»Oh, das ist ja toll!«, sagte ich begeistert. »Du sag mal …« Ich setzte meinen nettesten, liebsten Augenaufschlag auf. »Könntest du mich nicht nach dem Konzert … bitte!!! Bitte!!!«

Frankie lachte lauthals. »Ach du liebe Güte! Stehst du auch auf Rick? Mann, was hat dieser Kerl nur, dass ihm alle Weiber hinterherlaufen …«

»Alles!«, sagte ich. »Einfach alles! Ich muss ihn kennenlernen, unbedingt! Und wenn er mich nicht beachtet, dann halt nicht. Aber ich muss es versuchen! Bitte Frankie tu mir den Gefallen!«

Er rollte mit den Augen. »Oh Mann … also gut … Aber hey, ich könnte mächtig Ärger bekommen, denn eigentlich darf ich das nicht. Wenn ich dich nach hinten bringe und dich jemand fragt, sag bloß nicht, dass ich es war, der dich da reingeschleust hat.«

»Niemals!«, bekräftigte ich ernst.

»Okay … also, du kommst vor dem letzten Song zu der Tür da vorne. Ich werde dastehen und dir ein Zeichen geben, okay?«

»Klar! Mensch, du bist echt super!« Ich drückte Frankie ein schnelles Küsschen auf die Wange und verschwand wieder in der Menge, die sich eben zerstreute, nachdem die Vorband sich verabschiedet hatte. Die Tür, auf die Frankie gezeigt hatte, konnte ich von meinem Platz aus gut im Blick behalten.

Ich konnte an nichts anderes mehr denken, als dass ich Rick nachher so nahe sein würde wie ich es mir immer erträumt hatte. Als die Show begann, wog ich mich im Rhythmus der Musik und ließ Rick keine Sekunde aus den Augen. Die Fans schrien und kreischten, die Menge brodelte. Wow! Rick zog nach dem zweiten Song seine Lederweste aus. Die Haare waren verschwitzt und hingen ihm wirr ins Gesicht, während sein muskulöser Oberkörper vor Schweiß glänzte.

Einmal setzte mein Herz für eine Sekunde aus, als ich seinen Blick erhaschte und er mir zuzwinkerte. Wow!

Ich hatte gar nicht mitbekommen, wie lange die Band schon spielte, doch als ich einmal einen Blick in Richtung Tür warf, sah ich Frankie, der mir hektisch zuwinkte. Ich schob mich durch die wogenden Leiber. »Meine Güte, wo warst du nur?«, brüllte Frankie. »Die Show ist gleich vorbei, los, wir müssen uns beeilen. Ich muss danach am Ausgang sein, verstehst du?«

»Sorry!«, sagte ich schuldbewusst.

Frankie nahm meinen Arm und schob mich an der Bühne vorbei zu einer Treppe, die in das Obergeschoss führte. Dort gab es einen Gang, von dem mehrere Türen abzweigten.

»Pass auf: Da vorne die vorletzte Tür ist die Garderobe der Band. Du kommst da nicht rein, es ist abgeschlossen. Du musst also warten, bis jemand kommt und für die Jungs aufschließt. Am besten, du wartest in der Nähe der Tür. Viel Glück!«, sagte er hastig und ging.

Nun stand ich also vor Ricks Garderobe und lehnte mit dem Rücken an der Wand. Ich versuchte so cool und lässig wie möglich zu wirken, doch innerlich schlug mein Herz Purzelbäume vor Aufregung. Immer wieder hastete jemand an mir vorbei, würdigte mich jedoch keines Blickes. Und dann war es endlich soweit! Ich hörte Stimmengewirr, eine ältere Frau schloss die Tür zur Garderobe auf und schon bogen die Musiker um die Ecke. Sie lachten und waren noch voller Adrenalin von der Show. Und dann kam er! Rick schlenderte als Letzter heran, er schien es nicht eilig zu haben. Sein Blick blieb an mir haften, wanderte meinen Körper entlang und verweilte auf meinem Bauchnabelpiercing. Ein Grinsen umspielte seine Lippen und er zwinkerte mir zu. Natürlich wusste er, dass ich seinetwegen hier stand.

»Magst du mit reinkommen?«, fragt er und nickte in Richtung der Garderobe.

Ich lächelte schüchtern und nickte. Rick nahm mich bei der Hand und zog mich einfach mit sich. Träumte ich oder passierte das gerade wirklich? Während ich versuchte, meine Atmung unter Kontrolle zu bringen, riss Rick den Kühlschrank auf und entnahm ihm zwei Flaschen Bier, die er mit den Zähnen öffnete und mir eine Flasche in die Hand drückte. »Prost!« Unsere Flaschen klirrten und ich war froh, endlich etwas trinken zu können, denn mein Mund war völlig ausgetrocknet. Ich bekam vor Aufregung nur am Rande mit, wie die einzelnen Bandmitglieder lachten und durcheinanderredeten. Die Zeit verflog nur so und schon bald streckte ein Typ den Kopf herein und rief, dass der Tourbus bereitstünde.

Rick sah mich an. »Magst du mitkommen?«

Oh mein Gott … er meinte wirklich … ob ich ins Hotel mitkommen würde? Ich konnte mein Glück nicht fassen, hatte die ganze Zeit hin und her überlegt, wie ich es anstellen könnte … und nun dies! Klar wollte ich! Und wie ich wollte!

Ich kletterte im Bus nach hinten und Rick setzte sich neben mich. Ich lehnte mich an ihn und legte meine Hand wie zufällig auf seinen muskulösen Oberschenkel. Wow! Zwischen meinen Beinen kribbelte es vor Vorfreude. Denn dass ich heute Nacht Rick flachlegen würde, stand außer Frage. Besser gesagt, er würde *mich* flachlegen!

Im Hotelzimmer angekommen, warf Rick seine Lederjacke achtlos über die Couch und zog sich sein Shirt über den Kopf. »Ich bin gleich wieder da«, sagte er. »Ich will nur kurz duschen.«

Ich hielt ihn an der Hand fest. »Nein, bleib hier!«, sagte ich heiser vor Verlangen. »Ich will dich genauso, wie du jetzt bist!« Seine glatte Brust glänzte immer noch vom Schweiß, die langen blonden Strähnen hingen ihm ins Gesicht. Genau so wollte ich ihn! Nicht frisch geduscht und nach Parfüm riechend.

»Aber … ich bin total verschwitzt«, wandte er verblüfft ein.

Ich leckte mit der Zunge über seinen Hals, wanderte abwärts über seine glatte Brust und leckte über die Brustwarzen, die sich sofort aufrichteten. Rick sog scharf die Luft ein. Der salzige Geschmack seiner erhitzten Haut törnte mich unglaublich an! Meine Zunge glitt tiefer, tastete sich in Richtung seines Bauchnabels, unter dem sich dunkelblonde Härchen kräuselten. Meine Hände lagen auf Ricks knackigem Po und ich wollte soeben den Knopf der schwarzen Lederhose öffnen, um seinen Schwanz zu befreien, der sich hart gegen das Leder drückte, doch Rick unterbrach mich, nahm meine Hände und zog mich zu sich hoch.

Wir waren uns so nah! Ich sah jedes kleine Fältchen in seinem hübschen Gesicht, spürte seinen Atem, der stoßweise ging.

»Nicht so schnell«, raunte er und verschloss meinen Mund mit einem Kuss. Seine Hand grub sich in meine Haare und hielt meinen Kopf fest. Hart und fordernd stieß seine Zunge in meinen Mund, und spielte verlangend mit meiner … Mein Unterleib zog sich vor Verlangen zusammen. Am liebsten hätte ich Rick die Hose vom Leib gerissen und ihn sofort genommen. Doch er hielt mich mit seinen erstaunlich kräftigen Händen fest, wühlte in meinen Locken und küsste mich, bis mir schwindlig wurde.

Als er schließlich von mir abließ, ging mein Atem schneller.

»Und du willst es wirklich sofort?«, fragte er mich mit glitzernden Augen.

Ich nickte und zog mir mein Top in einer fließenden Bewegung über den Kopf. Rick sah auf meine festen, kleinen Brüste, schob sanft die hellblaue Spitze meines BHs zur Seite und legte meine Nippel frei. Er strich mit den Fingerkuppen darüber. Ein Stromstoß durchzuckte meinen Körper und ich schloss die Augen. Genoss einfach nur den Augenblick …

Rick streichelte meine Brüste, knetete sie sanft und bückte sich, um meine Nippel abwechselnd in den Mund zu nehmen und an ihnen zu saugen. Seine Hände hatte er um meine Taille gelegt. Ich spürte seinen heißen Atem, griff nach der Beule in seiner Hose und knetete sie. Er stöhnte auf, bugsierte mich zu dem breiten Bett, und als ich auf dem Rücken lag, zog er meine Jeans aus. Nur im BH und Höschen lag ich nun vor ihm. Seine Armmuskeln traten hervor, als er sich über mich beugte. Ich roch seine männliche Erregung, streichelte seinen Brustkorb und tastete mich zum Reißverschluss seiner Lederhose vor. Diesmal ließ er es zu.

Hastig entledigte Rick sich seiner Hose und stand völlig nackt vor mir. Er hatte nichts unter der Hose getragen! Auch ich zog nun meinen BH aus und schlüpfte schnell aus meinem Höschen. Meine Hände streichelten meine Brüste und ich öffnete meine Beine einladend.

Mit einem Laut, der wie ein Knurren klang, stieg Rick auf das Bett und kniete sich zwischen meine Beine. Er nahm seinen steifen Schwanz in die Hand und rieb damit durch meine feuchte Spalte. Ich stöhnte auf, wölbte mich ihm entgegen, doch er entzog mir seinen Schwanz. Stattdessen spreizte er meine Schamlippen, beugte sich zwischen meine Beine und sog meinen Kitzler zwischen seine Lippen. Seine Zunge schnellte um meine geschwollene Perle und meine Hände krallten sich in die seidigen Laken.

»Oh, bitte … komm zu mir«, keuchte ich. »Ich will dich in mir spüren.«

Nachdem Rick mit seiner Zunge meinen Eingang befeuchtet hatte, richtete er sich auf, nahm wieder seinen steifen Schaft in die Hand und setzte ihn am Eingang meiner Muschi an. Mit leichtem Druck glitt er in mich hinein. Ganz langsam schob er ihn tiefer und tiefer in mich. Ich hob mein Becken an, drängte mich ihm entgegen, schlang meine Beine um seine schmalen Hüften. Meine Arme legte ich um seinen Nacken und unsere Münder trafen sich zu einem nicht enden wollenden Kuss. Ein wohliges Gefühl breitete sich in meinem Unterleib aus. Als Rick seinen Schwanz immer wieder in mich hineinstieß, geriet ich in Ekstase und krallte meine Nägel in seinen Rücken. Seine Pomuskeln waren hart vor Anspannung und immer wieder durchlief ein Zittern seinen Körper.

Unsere Körper waren im Einklang miteinander. Wir schaukelten in ungeahnte Höhen, bis die Wogen schließlich über uns zusammenschlugen. Ich stieß einen spitzen Schrei aus, als ich kam. Rick spannte die Muskeln an, verkrampfte und ergoss sich mit einem animalischen Laut in mir. So hielten wir still, bewegten uns nicht, bis auch das letzte Zucken verebbte.

Ich lockerte den Griff um Ricks Nacken und öffnete meine Beine.

Er sah mich an, grinste und küsste mich. »Wow, Mädchen, das war ne echt geile Nummer!«

»Und du bist ein echt geiler Typ«, sagte ich und grinste zurück.

Er rollte sich zur Seite. »Darf ich jetzt duschen gehen?«, fragte er.

»Aber klar doch!«, genehmigte ich großzügig. »Wenn ich darf, würde ich direkt mitkommen …«

Rick lachte und wies mit dem Kopf in Richtung Badezimmer. »Na dann komm mal mit …«

Wir standen im heißen Strahl der Dusche, seiften uns gegenseitig ein und wurden schon wieder scharf. Ich drehte Rick den Rücken zu und spreizte die Beine, während er von hinten in mich eindrang. Ich stützte mich mit den Händen an der Wand ab und das heiße Wasser prasselte auf uns nieder, als Rick mich fickte, bis ich um Gnade flehte. Er nahm mich hart, hielt mich mit eisernem Griff fest …

Danach zog ich mich an und verabschiedete mich von Rick. Ich hinterließ keine Telefonnummer, nichts. Denn mir war klar, dass dies eine einmalige Sache gewesen war. Niemand zähmte einen Rockstar mit einer wilden Nacht …

Gefühlvolle Massage - Lust auf Rezept

Seit Wochen bereits war ich im Nacken- und Schulterbereich verspannt und lief eigentlich schon mit Dauerkopfschmerzen herum.

»Wann lässt du dir endlich vom Arzt ein KG-Rezept verschreiben? Das kann man ja nicht mehr mitansehen«, schimpfte meine Freundin Joanna.

»Du hast ja recht«, besänftigte ich sie und warf schnell eine Aspirin ein, die schon längst nicht mehr half. »Aber ich habe einfach keine Zeit«, seufzte ich. »Um ein Rezept vom Arzt zu holen, ja, das kriege ich noch hin. Aber die KG-Termine sind ja meist tagsüber. Nach neunzehn Uhr kriegst du einfach keinen Termin mehr in den Praxen.«

Joanna grinste, was ich als Vorwurf auffasste. Deshalb ging ich zum Angriff über. »Stimmt doch«, sagte ich wütend. »Nicht jeder hat pünktlich um halb vier Feierabend, wie du auf deinem Amt …«

»Na, na … nicht gleich auf die Palme gehen«, wiegelte Joanna ab. »Ich hab grad nur daran gedacht, dass ich jemanden kenne, der dir sicher helfen kann. Er heißt Niklas und ist der beste Masseur, den ich kenne. Glaub mir, der kriegt alles hin. Und das Beste – hier wirds nun für dich interessant – er behandelt tagsüber ganz normal bei seinem Arbeitgeber, einer

Physiopraxis, Patienten und gleichzeitig hat er sich selbstständig gemacht und behandelt die Patienten, die tagsüber keine Zeit haben, bei sich zu Hause. Er hat sich da zwei Praxisräume eingerichtet.«

»Oh!«, sagte ich besänftigt, »das hört sich echt gut an. Kriegt man bei ihm überhaupt Termine?«

»Auf jeden Fall! Er macht das noch nicht lange, daher hat es sich noch nicht herumgesprochen. Aber das Beste kommt noch: Niklas ist ein Schnittchen, da wird einem nicht nur warm ums Herz. Aber sieh ihn dir selbst an, dann weißt du, was ich meine …«

In den nächsten Tagen holte ich mir wirklich ein Rezept vom Arzt und rief bei Niklas an, um einen Termin zu vereinbaren. Er hatte eine wahnsinnig sympathische Stimme am Telefon und ich bekam den ersten Termin tatsächlich schon eine Woche später.

Als ich an der Haustür des schicken Einfamilienhauses klingelte, öffnete mir ein Typ die Tür, der mich glatt vom Hocker haute. Joanna hatte nicht zu viel versprochen. Er hatte ein markantes Gesicht und süße Grübchen auf der Wange, wenn er, so wie jetzt, lächelte. Seine dunkelblonden Haare waren von hellen Strähnen durchzogen und in seinen braunen Augen funkelten goldbraune Sprenkel. Sein enges, weißes T-Shirt konnte seinen perfekten, muskulösen Body nicht verbergen.

»Hi! Ich bin Niklas, aber alle nennen mich Nick. Mit den jüngeren Patienten bin ich per Du, ist das okay für dich?« Er reichte mir die Hand.

»Aber klar doch, ich bin Laura«, brachte ich gerade noch heraus. Mein Herz schlug wie verrückt in meiner Brust.

»Dann folge mir mal«, sagte Nick und ging voraus. Im Flur konnte ich einen kurzen Blick in das gemütlich eingerichtete Wohnzimmer mit einer verglasten Front, mit Blick auf eine

Terrasse und einen angrenzenden, weitläufigen Garten, erhaschen. Doch dann bog Nick nach links ab, von wo aus eine Wendeltreppe in das Untergeschoss führte.

Nick öffnete eine Tür: »Zieh dich schon mal aus und lege dich auf den Bauch, ich komme gleich zu dir. Bei dir geht es um Verspannungen im Nackenbereich, stimmts?« Ich nickte und er schloss diskret die Tür hinter sich. Ich sah mich in dem kleinen Raum um. Die Wände waren in einem angenehmen Orangeton mit Wischtechnik gestrichen, der dunkelbraune Laminatboden in Holzoptik passte wunderbar zu den Wänden. Die Liege befand sich mitten im Raum und auf einem Tischchen standen Tiegel mit verschiedenen Ölen. Ich zog mir schnell mein Shirt über den Kopf, schlüpfte aus den Schuhen und legte mich auf mein mitgebrachtes Handtuch.

Es klopfte an der Tür. »Kann ich reinkommen?« Meine Güte! Nick dachte wirklich an alles.

Nick trat ein und begann, meine Problemzonen abzutasten. Er schien genau zu wissen, wo ich Schmerzen hatte. Dann goss er Massageöl in seine Hände und massierte mich. Manchmal musste ich die Zähne zusammenbeißen, um nicht laut aufzuschreien. Vor Schmerz natürlich! Lieber wäre mir in diesem Augenblick gewesen, ich hätte vor Lust aufgeschrien, weil dieser heiße Typ seinen Prügel in mich hineinstieß …

»So. Jetzt hast du genug für heute gelitten«, meinte Nick mit einem leisen Lachen. »Jetzt bekommst du noch zehn Minuten lang eine sanfte Massage.«

OH MEIN GOTT!!! Dieser Mann hatte Hände, so sanft und gefühlvoll, dass ich beinahe angefangen hätte zu schnurren … Immer wieder tauchten in meinem Blickfeld seine muskulösen Oberschenkel auf. Ich stellte mir vor, wie sie sich anspannten, wenn er mich hart ficken würde.

»Hier bist du aber auch ganz schön verspannt«, sagte er und tippte auf meine Lendenwirbelsäule. »Daran müssen wir arbeiten …«

Ich freute mich unbändig auf den nächsten Termin. Ich würde auf jeden Fall meine schönsten Dessous anziehen.

Die nächsten drei Termine waren zwar angenehm, aber ereignislos. Nur als Nick meine Hose ein Stück nach unten zog, um auch die Verspannungen in den Ansätzen meiner Pobacken zu lösen, kribbelte es gewaltig in meinem Schoß. Ich überlegte hin und her und zerbrach mir den Kopf, wie ich es schaffen könnte, den immer korrekten Nick endlich zu verführen. Ich musste härtere Geschütze auffahren …

Nur noch zwei Termine. Mir lief die Zeit davon. Ein neues Rezept würde ich nicht bekommen und es wäre auch total überflüssig, denn Nicks kundige Hände hatten meine Verspannungen längst gelöst. Heute, spätestens beim letzten Termin, musste ›es‹ passieren.

Nick begann, meine Schulter- und Nackenpartie zu massieren, währenddessen unterhielten wir uns über dies und das. Unsere Gespräche waren im Lauf der Zeit lockerer geworden und ich hatte erfahren, dass er geschieden war und keine Freundin hatte.

»Mmh … tut das gut!«, schnurrte ich, als er sich langsam zu meinen Pobacken vortastete. Ich hatte meinen Arm so hingelegt, dass er immer wieder zufällig mit den Oberschenkeln daran vorbeistreifte.

Er war an meinem Hosenbund angekommen. »Könntest du die Hose etwas herunterziehen, damit ich an die Muskulatur deines Pos rankomme?«

»Sehr gerne«, sagte ich mit einem erotischen Unterton. Während ich den Knopf meiner Jeans öffnete, war ich gespannt, wie er auf meine Überraschung reagieren würde. Würde er sie aus Höflichkeit und Professionalität ›übersehen‹?

Mit einem Ruck zog ich meine Hose bis zu den Oberschenkeln herunter, viel weiter, als notwendig.

»Ich … oh!« Nick erstarrte förmlich, als er sah, dass ich darunter nichts trug.

»Was ist?«, fragte ich provokant. »Gefällt dir nicht, was du siehst?«

»Du … ähm, doch, du hast einen wunderschönen Po, aber ich weiß nicht was …«, stammelte der arme Kerl.

»Na, worauf wartest du dann noch? Fang an zu massieren!«

Nick war total verwirrt und versuchte krampfhaft, seine Professionalität aufrecht zu erhalten. Doch das Feeling, als er meine Pobacken massierte und dabei vielleicht ein klein wenig tiefer nach unten ging, als nötig gewesen wäre, war einfach großartig und ich rekelte mich ein bisschen auf der Liege und gab Geräusche meiner Zufriedenheit von mir.

»Sag mal … geht das Ganze auch ein bisschen zärtlicher?«, wagte ich den nächsten Vorstoß und diesmal reagierte Nick sofort. Er strich sanfter über meine Pobacken. Ich war nicht sicher, aber ich meinte zu hören, dass sein Atem ein wenig schneller ging. Mit der linken Hand tastete ich nach seiner Hose. Ich fuhr zärtlich den muskulösen Oberschenkel auf und ab. An die Beule in der Mitte, die ich sehen konnte, wenn ich den Kopf nach links drehte, kam ich allerdings nicht ran. Deshalb sagte ich: »Komm doch mal näher …«

Er tat, um was ich ihn gebeten hatte, war aber immer noch unsicher. »Sag mal, was hast du vor?«

Ich umfasste mit der Hand seine Beule und massierte sie. »Kannst du dir das nicht denken? Seit ich dich zum ersten Mal gesehen habe, habe ich überlegt, wie ich diesen heißen Kerl verführen könnte …« Ich unterbrach mein Kneten, denn sein Schwanz in der Hose war prall und steif. »Oder gefalle ich dir nicht? Bin ich vielleicht nicht dein Typ?«

»Oh doch! Aber so was ist mir noch nie passiert, deshalb hatte ich keine Ahnung, wie ich reagieren sollte«, sagte Nick.

»Na dann zeig ichs dir.« Ich setzte mich auf, hakte meinen BH auf und warf ihn zu Boden. Bei der Hose musste Nick mir helfen, doch das tat er gerne, denn seinem Blick konnte ich entnehmen, dass er genauso gierig geworden war, wie ich. Ich legte mich auf den Rücken und bot mich ihm dar. »Jetzt darfst du mich massieren, wo auch immer du möchtest …«

Nick ließ sich das nicht zweimal sagen. Er goss sich üppig Massageöl in die Hand und begann damit, meinen Körper sanft zu massieren. Dieser Kerl hatte einfach göttliche Hände! An meinen Brüsten hielt er sich ein bisschen länger auf, als er mit den Fingerkuppen über meine Nippel strich, richteten sich meine Brustwarzen auf. Ich hatte die Augen geschlossen und stöhnte immer wieder genüsslich.

Vor allem, als er meinen flachen Bauch, meine Hüften und meine Oberschenkel zärtlich massierte und leicht knetete. Nun streichelte er sanft die Innenseiten meiner Schenkel. Er öffnete sie mit leichtem Druck und plötzlich spürte ich seine gefühlvollen Finger, die über meinen blank rasierten Schamhügel strichen und die Schamlippen auseinanderzogen. Ich stöhnte auf, als ich da unten seinen heißen Atem spürte und seine Zunge, die sanft meinen Kitzler leckte. Nick fuhr suchend mit einem Finger durch meine Spalte, fand mein feuchtes Loch und drang in mich ein.

»Mmh …«, stöhnte ich und biss mir auf die Lippen, als ein zweiter Finger folgte. Nicks Zunge unterbrach ihr Spiel dabei nicht. Ich hörte ein leises Schmatzen, als er mich langsam mit seinen Fingern fickte. Oh mein Gott, war ich scharf! Ich rutschte mit dem Po hin und her, streichelte und knetete meine Brüste und die Brustwarzen. Seine Finger reichten mir irgendwann nicht mehr, ich wollte mehr, wollte ihn, seinen steifen Schwanz in mir spüren. Doch zuvor würde ich ihn auch etwas verwöhnen.

»Nick … hör auf! Ich möchte nicht jetzt schon kommen. Ich will dich. Jetzt und sofort!«

Er richtete sich auf und sah mich fragend an.

»Komm her«, sagte ich heiser vor Lust. Ich setzte mich auf und als er vor mir stand, knöpfte ich rasch seine Hose auf. Als ich diese ein Stück nach unten zog, sah ich, wie sein steifer Schwengel nur noch von der Unterhose zurückgehalten wurde. Kurzerhand befreite ich ihn aus seinem Gefängnis und er schnellte mir entgegen. Heiß sah er aus! Männlich und so erotisch, dass ich ihn sanft mit der Hand massierte. Auf und ab, auf und ab. Mit der anderen Hand knetete ich leicht seine Hoden. Nick hatte die Augen geschlossen und zwischen den zusammengebissenen Zähnen entfuhr ihm hin und wieder ein Stöhnen.

»Soll ich ihn mit dem Mund verwöhnen?«, fragte ich leise.

»Vielleicht … ein bisschen, wenn du magst?«

Ich rutschte von der Liege und kniete mich vor ihn hin. Sein Prachtstück nun direkt vor meinem Gesicht, umspielte ich mit meiner Zunge seine Eichel. Erste Liebestropfen traten hervor, die ich genüsslich ableckte. Dann stülpte ich meine Lippen über die Eichel, schnellte mit der Zunge darüber. Mein Kitzler pulsierte vor Lust und hin und wieder wanderte meine Hand nach unten und rieb ihn. Dennoch gab ich mir mit Nicks Schwanz große Mühe. Ich nahm ihn tief in meinen Mund auf, saugte und lutschte ihn, und umfasste mit den Händen seinen stahlharten, muskulösen Po, der immer wieder verkrampfte, wenn sein Schwengel tief in meinem Mund war, oder meine Zunge über seine Eichel schnellte.

»Stopp!«, sagte Nick plötzlich und entzog mir seinen Schwanz. »Wenn du so weitermachst, komme ich zu früh.«

Ich wischte meinen Mund ab und lächelte. »Willst du mich ficken?«

»O ja! Nichts lieber als das! Wie möchtest du es haben?«

»Hart und leidenschaftlich«, erwiderte ich grinsend.

Nick lachte auf. »Ich meinte eigentlich, welche Stellung du bevorzugst!«

Ich stand auf, legte mich mit dem Oberkörper auf die Liege und spreizte meine Beine ein wenig. »Dürfte genau die richtige Höhe sein, sodass du mich so richtig schön von hinten nehmen kannst. Was meinst du?«

Er strich über meine Pobacken, knetete sie leicht und zog sie auseinander. Ein wohliges Gefühl durchflutete mich, als er mit seinen Fingern von hinten durch meine feuchte Spalte fuhr. Als er meinen Kitzler streicheln wollte, bemerkte er, dass ich ihn bereits mit meinen Fingern stimulierte. Er tastete sich bis zu meinem Eingang und schob einen Finger hinein.

»Wie heiß du da drinnen bist!«, seufzte er und schob einen zweiten Finger hinterher.

»Wow! Das fühlt sich so geil an! Aber warte nicht zu lange, ich bin so scharf, dass ich jederzeit explodieren könnte.«

Nick zog seine Finger zurück, spreizte meine Schamlippen und setzte seine Eichel an meine schlüpfrige Höhle, die es kaum erwarten konnte, von diesem Steifen ausgefüllt zu werden. Ich sog scharf die Luft ein, als seine Eichel meinen Eingang passierte und ich mich eindrang. Nicks Schwanz war groß und ich brauchte einen Moment, um mich zu entspannen. Ich rieb und zog an meinem Kitzler, seufzte vor Wonne, als Nick seinen Schwanz unter sanftem Druck weiter in mich einführte. Er war noch nicht ganz in mir, da entzog er ihn mir wieder. Gleich darauf stieß er wieder zu, ein bisschen tiefer diesmal.

»Mann, ist deine Muschi heiß!«, sagte er rau und packte mich fest an den Hüften. »Du wolltest es hart und leidenschaftlich, sagtest du? Na dann, diesen Wunsch erfülle ich dir gerne!«

»Ja!«, keuchte ich, »gibs mir!«

Zuerst fickte er mich mit sanften, kurzen Stößen, doch als er ganz in meiner Muschi war, gab er es mir so richtig. Hart und leidenschaftlich trieb er seinen großen Schwengel immer wieder tief in mich hinein. Ich hörte ihn stöhnen, seine Hände packten fester zu, und ich spürte, wie sich das heftige Kribbeln meines Kitzlers in mein Innerstes ausbreitete. »Ich komme gleich«, keuchte ich unter seinen gleichmäßigen Stößen.

»Ich auch, ich kanns nicht mehr lange zurückhalten.«

Und plötzlich explodierte die Welt um mich herum. Ich schrie meine Lust heraus, bekam kaum mit, wie Nick sich hinter mir verkrampfte und sich in mir entlud. Erst als mein Atem sich langsam beruhigte, ließ der Druck von Nicks Händen nach und er zog seinen Schwanz aus mir heraus.

»Oh mein Gott, war das eine heiße Nummer!«, sagte er.

Ich drehte mich um und setzte mich auf die Liege. Meine Finger spielten mit meiner Perle, die immer noch gereizt war und kribbelte.

»Siehst du?«, sagte ich süffisant. »Das alles hättest du viel eher haben können!«

Nick lachte auf und gab mir einen Kuss. »Wenn ich das nur geahnt hätte …«

Ich küsste ihn zurück und strich durch seine Haare, ich konnte einfach nicht genug von ihm kriegen. »Muss ich mir für eine Fortsetzung ein neues Rezept holen, oder …?«

Nick legte einen Zeigefinger an sein Kinn und tat, als müsse er überlegen. »Hm … Ach, ich glaube, du kannst auch einfach so mal vorbeikommen. Nicht nur, um heißen Sex mit mir zu haben. Vielleicht trinken wir auch einfach mal ein Fläschchen Wein zusammen?«

Er sah mich fragend an. Er sah so süß aus in dem Moment … ich fiel ihm um den Hals und küsste ihn, bis er um Gnade flehte.

Sauna Hitze - Pralle Lust

»Hey Sandy, kommst du nachher noch mit in die Sauna?«, rief ich meiner Freundin zu, die soeben vom Laufband kam und sich mit ihrem Handtuch den Schweiß aus dem Gesicht wischte. Ich ließ sorgfältig die Gewichte der Beinpresse zurückgleiten und stieg vom Fitnessgerät.

»Nein, heute leider nicht. Jonas wartet auf mich. Du weißt doch …«, sie grinste, »unser fünfter Hochzeitstag. Ich will doch mein Geschenk nicht warten lassen.«

Ich lachte. »Wahrscheinlich bindet er sich eine Schleife um sein bestes Stück, auf den Brillantring wirst du lange warten müssen.« Jonas, Sandys Mann, war nicht gerade der Romantiker vor dem Herrn, doch die beiden liebten sich sehr und manchmal beneidete ich sie sogar um ihre glückliche Ehe.

»Okay, dann muss ich wohl alleine gehen«, sagte ich und zog einen Schmollmund. Ein Blick auf die Uhr sagte mir, dass es schon spät war, wahrscheinlich würde die Sauna mir alleine gehören. Nach einundzwanzig Uhr war diese meistens verwaist.

Im Gehen warf ich unserem schönen Alex eine Kusshand zu. Er grinste und zwinkerte zurück. Alex war ein Traumtyp. Halblanges, dunkelblondes Haar, meistens zu einem Pferdeschwanz gebunden, ein athletischer Körper, der kein Gramm Fett aufwies und die blauesten Augen, die ich je bei einem Mann gesehen hatte. Auch er war Single und ganz kurz hatten wir einmal etwas miteinander. Aber nach ein, zwei Dates war uns beiden klar, dass es nichts mit uns werden würde. Ich stand nun mal hin und wieder auf Burger mit Fritten, er hingegen ernährte sich eisenhart nach einem strengen Diätplan. Ich schlürfte schon ganz gern mal einen Cocktail, während er nur Wasser aus einer ganz bestimmten Quelle trank. Nein, Alex war ganz und gar nichts für mich. Leider … denn ein leckeres Kerlchen war er allemal.

Als ich in die Umkleidekabine kam, hörte ich schon das Rauschen der Dusche im angrenzenden Bad. Als ich hereinkam, stand Sandy schon unter der Dusche und schäumte sich mit Duschgel ein. Ein wenig neidisch warf ich ihr einen Blick zu, als ich die Brause aufdrehte. Ihr biegsamer Körper wand sich elegant unter dem heißen Wasserstrahl, während sich zu ihren schmalen Füßen das Wasser sammelte und in Kringeln dem Abfluss entgegenströmte. Sandys Körper war in meinen Augen einfach perfekt. Sie hatte genau die richtigen Rundungen an den richtigen Stellen, eine schmale Taille und feste, schlanke Beine. Ich hingegen fand, dass meine Rundungen an den Hüften schon etwas zu stark ausgeprägt waren und besah ich meinen Hintern im Spiegel, fand ich da schon die eine oder andere unschöne Delle. Na ja … für Mitte dreißig war ich schon noch ganz gut in Form, aber es ging auch besser.

Nach dem Duschen wickelte ich mich in meinen Bademantel, griff nach meinem Saunatuch und verabschiedete mich von Sandy mit einem Küsschen. »Ich wünsche euch einen wunderschönen Abend und grüß Jonas von mir, ja?«

Der Saunabereich befand sich hinter den Duschräumen und wie erwartet war er verwaist. Leise Musik drang aus unsichtbaren Lautsprechern. Ich hängte meinen Bademantel an einen Haken, betrat die Sauna und legte mein Handtuch auf die mittlere Holzbank. Mit einem genüsslichen Seufzer ließ ich mich auf meinem Handtuch nieder, nahm meine Haare aus meinem Nacken und breitete sie wie ein Fächer um meinen Kopf herum aus. Die feuchte Hitze drang in meine Poren und schnell bedeckte ein Schweißfilm meine gesamte Haut. Ich hatte mir vorgenommen, nicht länger als eine Viertelstunde in der Sauna zu verweilen, doch die Ruhe und die Hitze taten ihr Übriges und ich schlummerte ein.

Ich hatte einen feuchten Traum … Eine Hand streichelte zärtlich über meinen Hals, mein Schlüsselbein entlang, strich über meine Brüste bis zu meinem Bauch. Als die Hand etwas tiefer wanderte und meinen Schamhügel berührte, seufzte ich vor Wonne auf und spreizte bereitwillig meine Beine …

»Das gefällt dir, was? Hab ichs doch gewusst …«, flüsterte eine raue Stimme neben meinem Ohr.

Ich schlug die Augen auf, die Hand streichelte mich immer noch … diesmal befand sie sich zwischen meinen Beinen und ein Finger tastete sich vorsichtig zu meinem Kitzler vor …

Erschrocken drehte ich den Kopf und sah in Alex‘ stahlblaue Augen. »Hey, was machst du da? Spinnst du?« Empört rückte ich ein Stück von ihm ab, jedoch blieb mir nicht viel Platz auf der schmalen Bank. Ich versuchte das verlangende Pochen in meinem Schoß zu ignorieren.

»Na komm schon, Ami, tu doch nicht so, als hätte dich das kaltgelassen. Du hast ganz schön gestöhnt im Schlaf!«, sagte Alex anzüglich. Er nannte mich wieder bei meinem Kosenamen, was ich eigentlich nur meinen engsten Freunden erlaubte. Für alle anderen hieß ich Amelie.

Alex hatte seine Hand weggezogen und drehte mir nun demonstrativ den Rücken zu. »Dann halt nicht«, murmelte er, breitete sein Handtuch direkt auf der Bank unter mir aus, legte sich auf den Rücken, und schloss seine Augen. Dass er einen beachtlichen Steifen hatte, schien ihn nicht im Geringsten zu stören. Mann, sah der Kerl verdammt gut aus!

Den Kopf auf meine Hand gestützt, lag ich seitlich da und konnte seinen perfekten Körper ganz ungeniert betrachten. Die breiten Schultern, die muskulösen Stränge an seinen Armen, den eindrucksvollen Brustkorb, der sich gleichmäßig hob und senkte und der sich zur Taille hin verschmälerte. Ich betrachtete den Flaum dunkelblonden Haares, der sich vom Bauchnabel abwärts kräuselte, nun teilweise verdeckt von seinem großen Schwanz. Die Eichel glänzte appetitlich im schwachen Licht und ich musste mich ermahnen, mir nicht über die Lippen zu lecken. Zu gerne hätte ich ihn in den Mund genommen und daran sanft gesaugt und geleckt …

»Bist du jetzt fertig?«, murmelte Alex süffisant und warf mir einen trägen Blick aus halb geschlossenen Augen zu. Röte schoss in mein Gesicht. Gott, war das peinlich! Beim Spannen ertappt … hoffentlich erzählte er das nicht seinen Kumpels.

Er öffnete die Augen ganz und grinste mich an. »Hast du es dir anders überlegt? Den Glanz in deinen Augen kenne ich!« Er stützte sich auf dem Ellbogen ab, kam meinem Gesicht näher, und strich mir eine verschwitzte Haarsträhne aus dem Gesicht. Er blickte mir tief in die Augen und als sein Mund sich meinem näherte, spürte ich, wie sich mein Unterleib vor Verlangen zusammenzog.

»Ich weiß nicht … vielleicht doch …«, raunte ich, nachdem seine Zunge zärtlich die Konturen meiner Lippen nachgefahren war. Mein Widerstand schmolz, freiwillig öffnete ich meine Lippen und empfing seine Zunge. Alex' kräftige Hand streichelte über meinen Körper, der nicht nur wegen der Temperaturen in der Sauna Hitze ausstrahlte. Als seine Hand wiederum bei meinem Dreieck angekommen war, öffnete ich bereitwillig meine Beine. Er erforschte meine Spalte, die heiß und feucht war, ein Finger drang in mich ein, während der Daumen über meine geschwollene Liebesperle strich. Mein Körper bebte unter den zärtlichen Berührungen und ganz automatisch wölbte ich mich den geschickten Fingern entgegen.

Als wir uns voneinander lösten, stieß ich den angehaltenen Atem aus. »Wow!«, flüsterte ich. »Ich hatte ganz vergessen, wie gut du küssen kannst.«

Alex legte den Kopf ein wenig schief. »Nur küssen?«

»Na ja, über den Rest konnte ich mich auch nie beklagen«, musste ich zugeben.

»Heißt das, ich darf weitermachen? Aber ich warne dich … noch einen Schritt weiter und ich kann mich nicht mehr beherrschen.«

»Das musst du auch nicht«, raunte ich, strich mit meinem Zeigefinger über seine glatte Brust und verharrte kurz an der Brustwarze, bevor ich sie langsam umkreiste. Ein raues Stöhnen antwortete mir, Alex bog den Kopf zurück. Inzwischen war ich so scharf, dass ich mehr wollte.

Ich ließ mich von meiner Bank auf die von Alex heruntergleiten, kniete mich über ihn und beugte mich herunter, sodass ich mit meiner Zunge seine Brustwarze berühren konnte, und umkreiste sie, sog sie sanft zwischen meine Lippen. Alex hielt mein Becken mit seinen Händen umfangen, ich spürte, wie die Härte seines Schwanzes gegen meine Hinterbacken drückte.

»Komm, lass mich in deine feuchte Muschi rein«, bat er.

»Noch nicht, mein Lieber, noch nicht …«, flüsterte ich und schob mich ein Stück nach unten. Sein Glied war prall, die Eichel glänzte appetitlich im schummrigen Licht. Sanft leckte ich ein paar Tropfen von der Eichel und stülpte dann meine Lippen darüber. Meine Zunge umkreiste Alex' Eichel. Ungeduldig hob er sein Becken an und ich nahm seinen harten Schaft Zentimeter für Zentimeter in meinen Mund auf. Mit der Hand umfasste ich seine Hoden und knetete sie gefühlvoll.

»Hör auf«, stöhnte Alex. »Sonst komme ich gleich!«

»Na, das wollen wir doch nicht«, sagte ich lächelnd und schob mich über ihn. Ich spreizte meine Schamlippen, streichelte meinen Kitzler und führte mit der freien Hand Alex' Steifen an meinen Eingang. Er hob das Becken an, wollte in meine heiße, feuchte Höhle, doch ich entzog mich ihm. Mit seiner Eichel fuhr ich durch meine Spalte, reizte mit ihr meinen Kitzler, und schließlich war ich so scharf, dass ich ihn unbedingt in mir spüren wollte.

Ich spürte, wie die Eichel in mich hineinglitt, hielt still, genoss das Gefühl, wie der Schwanz langsam immer tiefer in mich eindrang.

»Mein Gott, du bist so eng und heiß …«, stöhnte Alex unter mir. Er wollte mich ficken, doch das ließ ich nicht zu. Noch nicht. Ich wollte die Kontrolle behalten.

Langsam ließ ich seinen Schaft aus mir herausgleiten und als ich seine Eichel an meinem Eingang spürte, ließ ich mich wieder auf ihn niedersinken. Dabei kreiste ich aufreizend mit dem Becken. Wow! Das Gefühl des prallen Schwanzes in meiner Muschi brachte mich fast um den Verstand. Ich beugte mich vor, leckte an Alex' sinnlichen Lippen. Er öffnete bereitwillig seinen Mund und seine Zunge drang in mich ein, spielte mit meiner …

Nun ließ ich es zu, dass er mich mit seinen kräftigen Händen an den Hüften packte, mich festhielt und hart in mich hineinstieß. Er unterbrach das Spiel unserer Zungen, seine Kiefer mahlten und seine Hände packten härter zu. An seinen Armen zeichneten sich die Muskeln unter seiner schweißüberströmten Haut ab und die Adern an seinem Hals traten hervor.

Mein Unterleib pulsierte, mein Innerstes zog sich zusammen und ich brach mit einem Schrei über Alex zusammen. »Gib ihn mir! Fester! Tiefer! O ja … ich komme!«, schrie ich.

Während die Wogen meines Orgasmus' über mir zusammenschlugen, rieb und zog ich an meinem Kitzler.

Plötzlich verkrampfte sich Alex. Seine Finger gruben sich in mein Fleisch, er stieß einen rauen Schrei aus und ergoss sich in mir. Während sein Samen aus ihm herausströmte, bewegte er sich nicht, sodass ich das Pulsieren seines Schwanzes in mir spüren konnte …

»Wow!«, stieß Alex nach einer Weile erschöpft aus. »Donnerwetter … ich hatte zwar die Absicht, dich zu überraschen und hatte gehofft, du bist einem Quickie nicht abgeneigt, aber dass es so heiß werden würde, hätte ich nicht gedacht.«

Ich musste kichern. »Heiß, im wortwörtlichen Sinne.« Ich löste mich von ihm und ließ seinen Schwanz, der langsam schlaff wurde, aus mir herausgleiten. »Ich glaube, wir sollten langsam hier raus und uns kalt abduschen, bevor wir hier noch geröstet werden.«

Ich sah an mir herunter, Schweißtropfen rannen von meinem Nacken über meinen Rücken und von meinem Hals über die Brüste. Höchste Zeit zum Duschen. Als ich die Tür der Sauna geöffnet hatte, drehte ich mich noch einmal zu Alex um. »Eins noch …«, sagte ich. »Sollte es dir irgendwann wieder einfallen, mich in der Sauna zu überfallen, wäre es vielleicht nicht schlecht, wenn du ein Kondom mitbringen würdest, normalerweise mache ich es nämlich nicht ohne.« Ich grinste und warf ihm noch eine Kusshand zu.

Selbstbefriedigung – Heisses Vergnügen

Wütend drückte ich den roten Hörer auf meinem Handy. Toll. Echt super, Ben. Hast du prima hingekriegt, mir den Abend zu versauen …

Ich hatte mich so sehr auf Ben gefreut. Seit einem halben Jahr führten wir eine Fernbeziehung und deshalb waren mir die Wochenenden heilig. Meine Freundinnen traf ich unter der Woche, das Wochenende gehörte immer uns ganz allein. Nach einem halben Jahr hatte man die erste Phase der Verliebtheit noch nicht hinter sich. Da zählte man doch die Tage, bis man sich wieder sah. Oder nicht?

»Sorry, Schatz …«, hatte Ben am Telefon gesagt und es hatte sich gar nicht so angehört, als würde es ihm ehrlich leidtun. »Ich kann Jens nicht hängen lassen, das musst du doch verstehen!«

Nein, tat ich nicht! Nur weil Jens zu Hause nichts gebacken kriegte und ständig auf Hilfe von seinen handwerklich begabten Kumpels hoffte, fiel jetzt mein geplanter romantischer, leidenschaftlicher Abend ins Wasser. Ich hatte es mir so schön ausgemalt. Ich würde Ben an der Haustür mit einem Hauch von Nichts überraschen, würde ihm um den Hals fallen und er würde mich ins Schlafzimmer tragen, wo wir es treiben würden, bis wir schweißüberströmt nebeneinander im Bett liegen würden. Und jetzt? Nichts, nada, nothing. Mist.

Ich holte aus dem Kühlschrank die Flasche Champagner, die ich in weiser Voraussicht gekühlt hatte. Champagner, nicht Sekt.

Das erste Glas leerte ich fast in einem Zug. Das zweite fing ich an zu genießen. Danach war mir ganz schummrig im Kopf, ich trank nur selten Alkohol. Meine Wut war nun wenigstens ein klein wenig verraucht. Mit der Fernbedienung zappte ich mich durch die Programme. Es kam nur Müll. Wie immer.

Was sollte ich nun mit dem ins Wasser gefallenen Abend anfangen?

Ich dachte nach. Sollte ich …? Eigentlich hätte es ja eine Überraschung für Ben sein sollen. Aber nun … Ich hatte bei einem Streamingdienst einen Pornostreifen heruntergeladen, ihn aber noch nicht angesehen. Eigentlich wusste ich gar nicht, worum es dabei ging, aber im Grunde genommen war es ja eh immer dasselbe. Wenn Ben schon nicht hier wäre, würde ich es mir eben alleine mit mir selbst gemütlich machen. Das hatte er nun davon.

Während der ersten Minuten sah ich gelangweilt den zwei Pärchen, eine hübsche, zierliche Blondine, eine gut gebaute Dunkelhaarige und zwei muskelbepackte Männer, zu, die sich in einer Wohnung zu einem Paartausch trafen. Die übliche Begrüßungszeremonie mit Küsschen hier und Küsschen da, dann aber fielen sie regelrecht übereinander her. Als schließlich beide Frauen nackt, mit blankrasierter Muschi – die eine hatte ein hübsches Piercing in den Schamlippen – breitbeinig vor den Männern auf einem Bett lagen und sich provokant den Kitzler streichelten, bemerkte ich bei mir selbst, dass ich die Schenkel zusammendrückte, meine Liebesperle pochte dumpf, und unwillkürlich glitt meine Hand in mein Höschen und ich streichelte mich dort, wo sich die zwei Frauen streichelten.

Die Männer, die die Frauen mit gierigem Gesichtsausdruck beobachteten, hatten ihre Schwänze ausgepackt und wichsten sie, bis sie hart waren.

Beide Männer stiegen zu den Frauen auf das Bett. Einer kniete sich zwischen die Beine der Dunkelhaarigen und der andere mit den kurz geschorenen Haaren, ein muskulöser Hüne, forderte die zierliche Blondine dazu auf, ihm einen zu blasen. Sie stülpte ihre Lippen über die Eichel des Mannes, saugte und leckte gierig daran. Die Kamera schwenkte zu dem anderen Paar und zeigte in Nahaufnahme die feuchte Muschi der Frau und wie der Kerl seinen Schwanz an ihrem Eingang ansetzte, und ihn langsam tief in sie hineinschob. Als er seinen Schwanz zurückzog, glänzte er vor Nässe von dem Saft der Frau.

Puh! Das, was ich sah, törnte mich unglaublich an. Wäre jetzt Ben da gewesen, hätte er mich ausgiebig lecken können, während ich mir weiterhin Appetit vom Zusehen holte. Mein Atem ging schneller, als ich den Paaren zusah. Ich drückte meine Schamlippen zusammen, meine Finger streichelten meinen Kitzler und ab und zu führte ich einen Finger in meine Muschi ein. Inzwischen wurde die Dunkelhaarige von dem Kerl hart durchgefickt. Alles in Nahaufnahme. Ich merkte, dass ich bereits an der Grenze zu einem Orgasmus war, doch ich wollte ihn hinauszögern, schließlich lief der Streifen noch nicht lange. Also nahm ich meine Hand aus meinem Höschen und trank einen großen Schluck Sekt. Der Typ, der die Dunkelhaarige fickte, entzog ihr seinen Schwanz und entlud seine Ladung auf ihrem Bauch. Die Frau verteilte die weißliche Flüssigkeit mit ihren Fingern genüsslich auf ihrem ganzen Körper, rieb sich die Nippel damit ein und lutschte an ihren Fingern.

Der Schwanz des zweiten Mannes war inzwischen hart geblasen, er stand wie eine Eins. Nun kletterte er zwischen die Beine der Dunkelhaarigen, wichste seinen Schaft ein paarmal und stieß hart und unerbittlich seinen Schwengel bis zum Anschlag in ihre Möse.

Die Blondine, die nun versuchte, den Schwanz des anderen Kerls wieder hart zu kriegen, zog einen Schmollmund und forderte, auch gefickt zu werden.

»Beschwer dich nicht, du kommst auch noch dran!«, meinte der Typ, der gerade seinen Schwanz aus der Dunkelhaarigen, die kehlige Laute der Lust von sich gab, zog. Sie zog und streichelte ihren Kitzler, hielt ihre Schamlippen weit geöffnet, damit man ungehindert sehen konnte, wie der große Schwanz in ihr verschwand.

Die Dunkelhaarige wand sich und stieß spitze Schreie aus. Unter einem gewaltigen Orgasmus bäumte sie sich auf, bis sie schließlich erschöpft liegen blieb.

»So, nun bist du dran«, sagte der Typ. Er hatte noch nicht abgespritzt.

Auch der Schwanz des anderen Mannes war inzwischen fast wieder zu seiner vollen Größe angeschwollen. Er entzog ihr seinen Schwanz und legte sich aufs Bett.

Die Blondine setzte sich auf ihn, spreizte ihre Schamlippen, und ließ sich langsam auf ihm nieder. Sie ritt ihn langsam und genussvoll und ließ dabei ihr Becken kreisen. Man sah von hinten in der Nahaufnahme, wie der harte Schaft in ihrer Muschi verschwand und ich war inzwischen so scharf, dass ich kurz auf Pause drückte und schnell in mein Schlafzimmer huschte. Aus der obersten Schublade meiner Kommode holte ich meinen Lieblingsdildo. Den, der hinten noch mit einem weiteren, schmaleren Teil für den Anus ausgestattet war.

Zurück auf der Couch ließ ich den Film weiterlaufen, beträufelte meine Finger mit Gleitgel, obwohl ich bereits richtig feucht war, und verrieb dieses großzügig auf meinem Kitzler, an meinem Eingang und an meinem Anus.

Zuerst spielte ich wieder ein wenig an mir herum, streichelte ausführlich meinen Kitzler, tauchte dann und wann meinen

Finger in meine Muschi, doch schon bald reichte mir das nicht mehr aus. Ich griff nach meinem Dildo, führte ihn ein Stück in mich ein und presste dann die Beine zusammen, um ihn in mir zu behalten.

Auf dem Bildschirm kniete sich der Typ, der noch nicht abgespritzt hatte, hinter die Blondine und nahm mir kurz die Sicht auf das Geschehen. Dann jedoch wechselte die Kameraperspektive. Nun sah man die Szene von der Seite. Er spreizte die Arschbacken der Frau, streichelte ihr über den Anus und drückte seinen Schwanz gegen ihren Eingang. Die Frau japste kurz nach Luft, als sie merkte, was gleich geschehen würde. Die Dunkelhaarige mischte nun auch mit. Sie hatte sich einen Dildo eingeführt, kniete neben der Blonden und rieb ihren Kitzler, um sie zu stimulieren.

Meine Beine hatte ich weiterhin zusammengepresst, doch ich spielte mit meinen Fingern ebenfalls an meiner Liebesperle. Wow! Ich war rattenscharf! Wäre Ben jetzt hier, hätte ich mit ihm zeitgleich dasselbe getan wie das, was nun vor meinen Augen ablief.

»O ja …«, stöhnte die Blondine, als der große Schwanz den festen Muskel ihres Anus' passierte. Langsam drückte der Mann ihn Zentimeter für Zentimeter in ihren Arsch. Der Typ, der unten lag, hatte die Augen geschlossen und trieb seinen Schwanz immer wieder in die Muschi der Frau, deren runde Brüste im Takt dazu wippten. Ihre Brustwarzen hatten sich steil aufgerichtet und die Dunkelhaarige leckte und saugte an ihnen, während sie sich den Dildo immer wieder tief in ihre Möse stieß.

Inzwischen war der Schwanz bis zur Hälfte im Po der Frau verschwunden. Der Mann zog ihn jetzt ein Stück zurück, um für den anderen Schwanz Platz zu machen. Als dieser sich wieder zurückzog, drückte er seinen Schwengel wieder hinein, tiefer diesmal. So fanden die beiden Männer langsam ihren Rhythmus und fickten die Frau zu zweit.

Mein Kitzler kribbelte wie verrückt, ich hatte nun die Beine weit gespreizt, und begann damit, mir den Dildo ganz einzuführen. Ich spürte den kleineren Teil, der gegen meinen Anus drückte, und übte mehr Druck aus. Langsam glitt er in meinen Po. Ich zögerte, ließ ihn wieder fast ganz aus mir herausgleiten, und schob ihn dann wieder, tiefer, hinein. Es war ein unglaublich geiles Gefühl, vorne und hinten ausgefüllt zu sein. Ich konnte mit der Frau auf dem Bildschirm so sehr mitfühlen, dass ich kurz vor dem Explodieren war. Ich spürte, was sie spürte. Ich war geil und wollte einfach nur einen gigantischen Orgasmus …

Der Kerl, der die Blonde in den Arsch fickte, musste sich zusammenreißen, er war kurz davor zu kommen. Die Blonde stieß laute Schreie aus. »O ja, ooohh … ich komme! Ja, gebt es mir hart! Stoßt zu!« Und die Männer gaben alles …

Während die Frau ihre Lust laut hinausschrie, keuchte ich auf. Alles in mir zog sich zusammen, das Kribbeln in meinem Kitzler wurde zu einer gewaltigen Explosion. Ich kam in einer einzigen Woge der Lust …

Als ich wieder klar denken konnte, sah ich, wie der Typ soeben seinen Schwengel aus dem Hintern der Frau herauszog und auf ihren Arschbacken und ihrem unteren Rücken abspritzte. Die Dunkelhaarige gab sich selbst mit dem Dildo den Rest. In der Schlussszene rekelten sich alle vier auf dem Bett und tranken Champagner.

Ich stürzte den Rest des Champagners in meinem Glas in einem Zug hinunter. Meine Kehle war wie ausgedörrt.

Danach kuschelte ich mich in eine Decke auf der Couch ein und sah mir noch einen Liebesfilm an. Alles in allem war dieser Abend doch gar nicht so schlecht. Was für ein Pech für Ben, dass er nicht daran teilhaben konnte …

Sommerregen - Verführung im Wald

Warm und fest umschloss Bens Hand meine. Ich streichelte mit den Fingern über seinen Handrücken, spürte die feinen, weichen Härchen, und sah ihn von der Seite an. Sein Profil mit der geraden Nase, den hohen Wangenknochen, sein sinnlicher Mund, der mich so oft und so zärtlich küsste, das Grübchen auf der rechten Seite seiner Wange, das nur zu sehen war, wenn er mich anlächelte, so wie jetzt. Seine grünen Augen, deren intensiver Blick manchmal nachdenklich auf mir ruhte … Herrgott, wie ich diesen Mann liebte! Auch heute noch, nach genau einem Jahr, flatterten in meinem Bauch Schmetterlinge und mein Herz wurde weit. Ich wünschte, dieses Gefühl würde niemals enden …

Mein weißes Sommerkleid mit den Stickereien an den kurzen Ärmeln, am Ausschnitt und am Saum flatterte um meine Beine, als ich beschwingt neben Ben herlief. Heute, an unserem einjährigen Jubiläum, hatte er mich gefragt, ob ich Lust hätte, bei diesem wunderbaren Wetter im Wald spazieren zu gehen, und zwar genau diesen Weg, den wir ein Jahr zuvor entlang gelaufen waren, als wir uns auf einem Kindergeburtstag, der auf einem Waldspielplatz stattgefunden hatte, kennengelernt hatten. Es war der Geburtstag meiner kleinen Nichte, und als mein Bruder mit seinem Arbeitskollegen, der ihm beim Schleppen von Bierbänken und Tischen helfen sollte, ankam, stockte mir der Atem. Ich hatte nie an die Liebe auf den ersten Blick geglaubt, doch an diesem Tag wurde ich eines Besseren belehrt. Ben war es genauso ergangen, wie er mir später erzählt hatte. Als die Geburtstagsparty in vollem Gang war und die Kinder ausgelassen tobten, schlichen Ben und ich uns davon und schlenderten durch den herrlich kühlen Wald, der nichts von der drückenden Hitze durchließ, die an diesem Tag herrschte. An einer einsamen Hütte, die Wanderern als Unterstand bei schlechtem Wetter diente, machten wir Rast und quatschten über Gott und die Welt, und vergaßen dabei die Zeit. Erst spät kehrten wir zu den anderen zurück und ernteten belustigte und neugierige Blicke. Mein Bruder grinste anzüglich und meinte: »Geht da was?«, was mir die Röte ins Gesicht trieb, obwohl zwischen Ben und mir nichts geschehen war. Aber zu diesem Zeitpunkt war ich schon Hals über Kopf in Ben verliebt. Und seit diesem Tag waren wir ein Paar und unzertrennlich.

»An was denkst du?«, unterbrach Ben meine Gedanken.

Ich lächelte. »An unseren ersten Tag …«

Er blieb stehen und hob mein Kinn an. Dann küsste er mich federleicht auf den Mund. »Gott sei Dank hat dein Bruder mich um Hilfe gebeten. Sonst hätten wir uns nie kennengelernt.«

»Tja, das war wohl das, was man im allgemeinen Schicksal nennt.«

Ben blickte in den Himmel. »Oje, da ziehen ja dicke Wolken auf …«, meinte er.

Der Wetterbericht hatte zwar Gewitter vorhergesagt, aber als wir losgezogen waren, war der Himmel bei über dreißig Grad strahlend blau gewesen und wir waren froh, der schweißtreibenden Hitze zu entkommen. Hier im Wald war es kühler und wesentlich angenehmer. Doch nun hatten sich dunkle Wolken drohend zusammengeballt und in der Ferne sahen wir bereits erste Blitze zucken.

Und schon klatschten die ersten dicken Tropfen nieder. »Na prima«, sagte ich. »Und nun?«

»Hm …«, Ben sah sich um. »Die Hütte ist nicht mehr weit entfernt. Ich schätze mal noch ungefähr einen knappen Kilometer. Vielleicht haben wir Glück und kommen trocken dort an.«

Wir beschleunigten unsere Schritte, doch aus dem gelegentlichen Klatschen der dicken Tropfen wurde schnell ein Platzregen. Wir rannten Hand in Hand los. Schon bald klebte der dünne Stoff meines Kleides an meinem Körper und aus meinen Haaren lief Wasser meinen Rücken hinunter.

Als wir schließlich völlig außer Atem bei der Hütte ankamen, waren wir nass bis auf die Haut.

»Jesus …«, keuchte Ben und stützte sich mit den Händen auf den Knien ab. »Dass da so extrem viel runterkommt, hätte ich auch nicht gedacht.«

Ich kicherte und wrang mein Kleid aus, das wie eine zweite Haut an meinem Körper klebte. Ben kam auf mich zu und nahm mich in die Arme. »Tut mir leid, Kleines … so war das nicht geplant.« Er küsste mich und hielt mich um Armeslänge von sich. »Weißt du eigentlich, dass du unglaublich sexy aussiehst? Wegen mir könntest du öfter weiße Sachen tragen und dann im Regen stehen.« Er fuhr mit den Fingern die Kontur meines Schlüsselbeins nach bis zu den Brüsten. Dort verharrte er. »Unglaublich. Selbst der BH ist durchsichtig geworden. Und wie deine Nippel steif hervorstehen … hm, das sieht zum Anbeißen aus.« Er fuhr mit den Fingerkuppen über meine Brustwarzen, die sich steil aufgerichtet hatten. Und das nicht nur wegen der Kälte des Regens. Wenn Ben mich auf diese Art und Weise ansah, schmolz ich dahin und bekam immer noch weiche Knie, auch noch nach einem Jahr.

Er schob mir eine klitschnasse Haarsträhne hinter die Ohren. »Ich liebe deine Haare, wenn sie sich in der Feuchtigkeit so kringeln. Das sieht richtig süß aus.« Er küsste mich wieder und diesmal begehrte seine Zunge Einlass. Bereitwillig öffnete ich meine Lippen und stieß mit meiner Zungenspitze zart gegen seine. Ein Stromstoß durchfuhr meinen Körper und brachte meinen Unterleib zum Beben. Ich schlang meine Arme um seinen Nacken und erwiderte seinen Kuss. Er drängte seinen Unterleib gegen meinen und ich konnte die Ausbeulung seiner Hose spüren.

»Wow, wie scharf du bist!«, seufzte ich und legte meine Hand auf die Ausbuchtung. Fest knetete ich seinen Schwanz durch den schweren Jeansstoff. Ben stöhnte leicht auf und umfasste meinen Po fest mit den Händen. »Am liebsten würde ich dich jetzt auf der Stelle vernaschen«, sagte er rau.

»Und was hindert dich daran?«, fragte ich.

»Na ja, es könnte jederzeit jemand vorbeikommen und ebenfalls vor dem Regen Schutz suchen.«

Ich warf einen kritischen Blick nach draußen, wo es wie aus Eimern goss. Es regnete, als hätte jemand die Schleusen des Himmels geöffnet.

»Also ich glaube nicht, dass da noch jemand kommt«, meinte ich zweifelnd. Meine Hand wanderte nun über seinen straffen, festen Po und ich kratzte mit den Fingernägeln über den Stoff. Ben biss die Zähne zusammen. »Hör auf, oder ich machs tatsächlich!«

Ich grinste und machte weiter. »Komm schon, Schatz … da kommt niemand!«

Ben stöhnte kurz auf und schloss mich in seine Arme. Seine Hände wanderten über meinen Rücken bis zu meinem Po. Sie massierten meine Pobacken, drückten sie zusammen und ließen wieder locker. Ich spürte seine Finger zwischen meinen

Backen, sie liebkosten meinen Anus durch den durchnässten Stoff meines Höschens. Bei den Berührungen wurde ich fast wahnsinnig vor Lust.

»Ich will dich«, sagte ich schwer atmend. »Komm her …« Ich nahm seine Hand und führte ihn zu der Bank. Dann stellte ich ein Bein auf die Bank, schob den Rock meines Kleides hoch, und während ich mich mit einer Hand an der Bretterwand abstützte, schob ich mit der anderen Hand mein Höschen zur Seite und bot Ben meine offene Spalte dar.

»Wow!«, flüsterte er rau, befeuchtete seinen Finger und fuhr durch meine feuchte Spalte. Als er über meinen Kitzler fuhr und anschließend seinen Finger in mich einführte, bebte ich vor Lust. »Komm, gib mir deinen Steifen!«, bat ich.

Bens Hand zog sich zurück und ich hörte das Ratschen seines Reißverschlusses. Bis er sein bestes Stück ausgepackt hatte, stimulierte ich mit den Fingern meinen Kitzler. Ich war bereit für Bens großen, harten Schwanz.

Ich stöhnte auf, als Ben mit seinem Schwanz zwischen meinen Pobacken durchfuhr und kurz gegen meinen Anus drückte. Doch gleich darauf spürte ich seine Eichel an dem Eingang meiner Muschi. Er stieß leicht dagegen und ohne großen Widerstand glitt sie in mich hinein. Ben verharrte kurz und bewegte sich dann mit kleinen Stößen in mir.

»Gib ihn mir ganz!«, stöhnte ich. »Ich will ihn bis zum Anschlag in mir spüren!« Ich schob mein Becken nach hinten, um ihm entgegenzukommen, doch Ben zögerte noch. »Du kriegst ihn schon noch«, stieß er mit zusammengebissenen Zähnen aus. »Sei nicht immer so ungeduldig, Kleines …«

Doch er hielt es nicht lange aus und stieß mit seinem harten Schwengel in mich. Seine Hoden klatschten gegen meine Muschi. Meine Finger streichelten meinen Kitzler und ich spürte die dünne Haut von Bens Schwanz, der ganz nass von meinem Muschisaft war, wenn er in mich hineinstieß und sich wieder aus mir zurückzog.

Ich keuchte und spürte das altbekannte Kribbeln, das sich in meinem Unterleib ausbreitete und sich in meiner Möse konzentrierte. Das Kribbeln wurde heftiger, mein Kitzler war kurz vor dem Explodieren. Meine Muskeln verkrampften sich. »Ich komme … o ja, mach schneller, gib ihn mir!«

Mein ganzer Körper stand in Flammen. Meine Finger schnellten noch schneller über meinen Kitzler. Ich hörte das gleichmäßige Klatschen von Bens Hoden, wenn er seinen steifen Pfahl bis zum Anschlag in mich hineinstieß.

Als mein Orgasmus langsam verebbte, versteifte sich auch Ben. Er schoss seine heiße Ladung in mich hinein, während er seine Hände in meine Hüften krallte. Noch ein paar Stöße, dann war auch er fertig.

»Puh …«, er entzog mir seinen nicht mehr ganz steifen Schwanz, von dem eine Mischung aus Sperma und meinem Saft tropfte. Auch an den Innenseiten meiner Schenkel lief Flüssigkeit herunter. Ich kramte in meiner Tasche nach Taschentüchern und reichte eins davon Ben. Nachdem wir uns gesäubert und unsere Klamotten gerichtet hatten, gab ich Ben einen Kuss.

»Na siehst du? Es kam niemand! Und du warst wieder mal spitzenmäßig. Ich wünschte, es wäre auch in zehn Jahren noch so aufregend mit dir!«

Ben schloss mich in seine Arme. »Es liegt an uns, unser Sexleben aufregend zu gestalten. Ich für meinen Teil kann nicht genug von dir kriegen.« Er küsste mich sanft auf den Mund. Dann trat er einen Schritt zurück.

»Apropos ›nicht genug kriegen‹ … da wäre noch was.« Er nestelte an seiner Jeans.

»Hm?«, verwundert sah ich, dass er etwas aus der Tasche

zog. Ein kleines Schächtelchen. Und als er vor mir auf die Knie ging, riss ich erstaunt die Augen auf. »Nein … Ben! Oh mein Gott!«, stotterte ich.

Ben sah zu mir auf und ich konnte das Grübchen auf seiner rechten Wange sehen, als er lächelte. »Ich hab da keine Übung drin«, begann er. »Aber dass wir heute ausgerechnet hier einen Spaziergang gemacht haben, war kein Zufall. Gut, der Platzregen war nicht eingeplant und auch nicht das, was soeben geschehen ist, aber ich dachte, heute wäre der richtige Zeitpunkt, dich zu fragen, ob du meine Frau werden willst. Ich liebe dich so sehr, dass es manchmal wehtut. Eine Zukunft ohne dich könnte ich mir nicht vorstellen. Wie siehts aus, meine Süße, willst du mich heiraten?«

Ich stieß einen spitzen Schrei aus, mein Herz flatterte in meiner Brust und schrie, so laut ich konnte: »Ja!«

Weitere erotische Geschichten:

Joan Hill
Heiße Gute-Nacht-Geschichten

Heiß, heißer, am heißesten!
35 hocherotische Kurzgeschichten,
die garantiert niemanden kalt lassen!

Chantal betreibt ein DominaStudio, in dem ihre Gäste heiße Stunden erleben ...
Natalie bekommt nie genug Sex, daher muss neben ihrem Mann noch ein Liebhaber mit ran ...
Jana und Saskia verbringen einen bi-erotischen Urlaub auf der Sonneninsel Mallorca ...
In Verenas privatem SexClub taucht der Leser in die bizarre Welt der SwingerErotik ...
Und auch die sexy Hausfrauen kümmern sich tagsüber nicht immer nur um den Haushalt, während ihre Männer arbeiten ...
Erotik pur für Männer und Frauen!

Joan Hill
Heiße KaribikKreuzfahrt

Steffi und Max führen eine offene Ehe und sind der ein oder anderen wilden Affäre nicht abgeneigt. Als Steffi von Max eine Kreuzfahrt geschenkt bekommt, ahnt sie nicht, dass sie ein heißer, erotischer Trip durch die Karibik erwartet. Auf dem Schiff lernen sie Katja und Claus kennen, für die Seitensprünge ein Fremdwort sind, und führen sie in die prickelnde Welt der Erotik ein. Plötzlich kann die schüchterne Katja gar nicht mehr genug bekommen vom Sex mit Steffi und auch einen flotten Vierer genießt sie mit allen Sinnen.
Doch nicht nur mit Katja und Claus geht es heftig zur Sache. Steffi verfällt dem Charme des heißen Kellners André. Dass sich auch Max mit einer anderen Frau vergnügt, ahnt Steffi nicht.
Es beginnt ein Spiel aus Sex, Macht und Erotik ...

Xenia Marcici
Nimm mich

Leserinnen und Leser erotischer Geschichten mit frechen Protagonistinnen, die wissen, was sie wollen, sind hier genau an der richtigen Adresse. Erleben Sie eine toughe Mädels-WG, die den Autor erotischer Kurzgeschichten verführt, eine leichtlebige Protagonistin, die an einem Abend gleich drei Sexualpartner in die WG-Zimmer ihrer Mitbewohnerinnen verfrachtet, oder die schüchterne Paula, die in den Genuss ihrer ersten Intimrasur kommt ...